Winni Dombroth

Aufgewärmt in 10 Minuten! im Sportunterricht

Leicht umsetzbare Spiele, Ideen und Übungen mit Spaßfaktor

Wir haben uns für die Schreibweise mit dem Sternchen entschieden, damit sich Frauen, Männer und alle Menschen, die sich anders bezeichnen, gleichermaßen angesprochen fühlen. Aus Gründen der besseren Lesbarkeit für die Schüler*innen verwenden wir in den Kopiervorlagen das generische Maskulinum.
Bitte beachten Sie jedoch, dass wir in Fremdtexten anderer Rechtegeber*innen die Schreibweise der Originaltexte belassen mussten.
In diesem Werk sind nach dem MarkenG geschützte Marken und sonstige Kennzeichen für eine bessere Lesbarkeit nicht besonders kenntlich gemacht. Es kann also aus dem Fehlen eines entsprechenden Hinweises nicht geschlossen werden, dass es sich um einen freien Warennamen handelt.

1. Auflage 2021

Autor*innen: Winni Dombroth
Illustrationen: Kristina Klotz
Satz: fotosatz griesheim GmbH
Druck und Bindung: Korrekt Nyomdaipari Kft.
ISBN 978-3-403-**08544**-7

www.auer-verlag.de

Inhaltsverzeichnis

Vorwort

Aufwärmen – Hauptteil – Ausklang! – Nach diesem Strukturmodell einer traditionellen Sportstunde organisieren Sportlehrkräfte in der Regel ihren Unterricht.

Das Aufwärmen stellt dabei für die Schüler*innen häufig eine lästige Pflicht dar – und nicht selten auch für die Lehrkraft.

Ein eingeschränktes Repertoire an motivierenden, zielführenden Warm-up-Ideen, Zeitdruck und ein zuweilen schlechtes Gewissen bezüglich des Aufwärmumfangs tragen zu diesem Dilemma bei.
Oft wird man zu einem überladenen Aufwärmprogramm verführt, obwohl in der Regel schon zehn Minuten für den normalen Schulsport genügen können, um Kinder ausreichend auf den Hauptteil vorzubereiten. Wertvolle Zeit für andere Lerninhalte geht verloren oder die Zeit könnte unter anderem für eine Cool-down-Phase verwendet werden.

Gerade im Grund-, Mittel-, Haupt- und Förderschulbereich müssen zunehmend Lehrkräfte in der Turnhalle einspringen, bei denen Sport nicht zu den studierten Fächern zählt. Auch für diese Gruppe möchte ich grundlegende Infos zum Aufwärmen und Einstimmen liefern. Motivierende und vor allem praktikable Ideen werden im Folgenden vorgestellt und beschrieben. Aufgrund meiner langjährigen Erfahrungswerte mache ich dabei gegenüber dem klassischen oder gar sportwissenschaftlichen Aufbau des Aufwärmprogramms Abstriche, nicht zuletzt zugunsten des Spaßfaktors und der Realisierbarkeit im Unterricht. Die Übungen, Bewegungsaufgaben und Spiele vermitteln hoffentlich Spaß an der Bewegung und Freude am Sport, die im Idealfall zu lebenslanger Sportbegeisterung führen.

Winni Dombroth

Einführung

Bedeutung des Aufwärmens im Sportunterricht bis zur Sekundarstufe I

In einer normalen Sportstunde bereitet man sich in der Regel nicht systematisch auf einen leistungsorientierten Wettkampf vor. Vielmehr geht es in der ersten Phase des Unterrichts um eine schülergerechte Einstimmung auf die im Hauptteil folgenden Elemente, nicht um Hochleistungssport.
Bei älteren Jugendlichen und Erwachsenen ist eine umfassende Erwärmung unverzichtbar, um verschiedensten Verletzungen vorzubeugen. Doch welchen Zweck hat ein ausgedehntes Aufwärmprogramm bei Kindern, deren Muskelmasse eher gering und deren „Betriebstemperatur" schneller erreicht ist? Um Muskel- und Bänderverletzungen zu vermeiden oder Gelenke vorzubereiten?

Aufgrund langjähriger Erfahrungswerte auch vieler Kolleg*innen sowie entsprechender Publikationen scheint eher eine Einstimmung als ein lückenloses Warm-up-Feuerwerk sinnvoll, da entsprechende Verletzungen im Schulsport durch Kaltstarts so gut wie ausgeschlossen sind. Erst ältere Jugendliche oder Kinder im Leistungssport brauchen ein spezielles Aufwärmprogramm mit kontinuierlich steigendem Umfang. Ansonsten sind angemessene Wirkungen schon durch allgemeines Aufwärmen zu erzielen – besonders angesichts des Zeitfensters von maximal 70 Minuten, das uns bestenfalls bei einer Doppelstunde zur Verfügung steht. Letztlich reichen zehn Minuten aus, um gut vorbereitet zu sein, denkt man nur an die (verletzungs)freien Spielsituationen unserer Kinder im Freizeitbereich ohne Warm-up. Diese Sichtweise, die vielleicht auch nicht jede*r teilt, liegt den nachfolgenden Ausführungen zugrunde.

Basisinformationen zum Aufwärmen

Wenngleich im Rahmen dieser Ausführungen ein abgespecktes, allgemeines Warm-up-Programm für den normalen Schulsport propagiert wird, so wird der Sinn und Zweck des speziellen Aufwärmens einschließlich der kräftigenden Stabilisationsübungen, der Funktionsgymnastik oder der komplexeren Koordinationsübungen nicht in Frage gestellt. Doch auch das allgemeine Aufwärmen lässt sich als sportartspezifische Vorbereitung gestalten. Mobilisations-, Dehn- und Kräftigungsübungen sollen den Schüler*innen durchaus bekannt sein und können auch in das ein oder andere Spiel integriert werden. Diese Inhalte aber in eigenen Stundenthemen zu vermitteln, erscheint wesentlich sinnvoller, als es gezwungenermaßen in jedes Aufwärmen vor Stundenbeginn zu quetschen.
Der Begriff „Aufwärmtraining" ist irreführend, da Training zu Ermüdung führt und die koordinative Leistungsfähigkeit einschränkt. Die individuellen Leistungsvoraussetzungen, sprich die Vermeidung von Unter- oder Überforderung, sind ein wichtiger Aspekt der Planung. Der spielerische Ansatz sollte beim allgemeinen Aufwärmen im Vordergrund stehen, der kindliche Spiel- und Bewegungsdrang sollte in Anschwitzen und Verstärkung des Atmens umgesetzt werden. Nach dem Warm-up sollten Lehrkraft und Schüler*innen das Gefühl haben: „Jetzt kann es losgehen."

1. Physische Vorbereitung

Die Gründe für die Bedeutung des Aufwärmens aus sportbiologischer Sicht sind komplex.
Vereinfacht lassen sich folgende Ziele aufzählen:

- Das Herzkreislaufsystem und der Atmungsapparat werden aktiviert, Stoffwechselprozesse werden angeregt.
- In den Gelenken wird Gelenkflüssigkeit produziert, um eine reibungslose Bewegungsausführung zu gewährleisten.
- Durch Erwärmung und Aktivierung der Muskulatur werden innere elastische Widerstände gelöst; Kontraktion und Entspannung erfolgen bei vermindertem Verletzungsrisiko schneller.
- Mit steigender Körpertemperatur nimmt auch die Geschwindigkeit der Nervenimpulse zu, was sich positiv auf die Koordination auswirkt.

2. Psychische Einstimmung
Vielfach unterschätzt werden bei der Bedeutung des Aufwärmens die psychischen oder sozialen Komponenten, die aber im Schulsport mindestens genauso wichtig sind wie die körperlichen:
- Verkrampfungen, Erregungs- oder Hemmungszuständen kann entgegengewirkt werden.
- Die Konzentration und damit eine verbesserte Lern- und Aufnahmebereitschaft für anstehende Aktivitäten wird erhöht.
- Die Bereitschaft zur Interaktion in der Gruppe wird angebahnt, Stress nach anstrengendem Unterricht wird reduziert.

3. Klassische Elemente eines umfassenden Aufwärmprogramms
„Das Aufwärmen umfasst alle Maßnahmen zur unmittelbaren Vorbereitung auf sportliche Tätigkeiten" (Hegner, J.: Training fundiert erklärt, Handbuch der Trainingslehre, 2006). Erwachsene, Jugendliche ab der Sekundarstufe II und Kinder im Leistungssportbereich benötigen ein komplexeres allgemeines und spezielles Aufwärmprozedere als Kinder im Sport des Schulalltags. Inhalte sollten situationsgerecht für
- die Aktivierung des Herzkreislaufsystems,
- das Mobilisieren,
- das Dehnen,
- das Kräftigen
- sowie das koordinative Üben

sein.

Der Rahmen wäre aber gesprengt, würde auf alle Methoden des speziellen Warm-ups eingegangen werden. Wie bereits erwähnt, ist es wichtig, dass unsere Schüler*innen nach und nach einen Überblick über dieses Repertoire und seine Bedeutung erhalten und im Rahmen des Sportunterrichts praktizieren. Dies alles muss aber nicht zwingend in der Aufwärmphase einer normalen Schulsporteinheit erfolgen. Wissenschaftliche Untersuchungen bestätigen zudem oft nicht die erwarteten traditionellen Wirkungen bestimmter Aufwärmübungen. Die Bedeutung des Stretchings wird dabei beispielsweise besonders kritisch gesehen.

Organisatorische und pädagogische Tipps zum erfolgreichen Aufwärmen

Daran sollte man denken, damit das Aufwärmen erfolgreich wird:
- ☐ Halten Sie Materialbedarf und Aufbauzeit gering.
- ☐ Setzen Sie keine komplexen Fähigkeiten bei Ihren Schüler*innen voraus.
- ☐ Lassen Sie Spiele nach einfachen Regeln spielen.
- ☐ Halten Sie die Anlaufzeit kurz.
- ☐ Achten Sie auf Bewegungsvielfalt.
- ☐ Spielregeln und der Verlauf sind variabel und können pädagogischen Absichten angepasst werden.
- ☐ Bewegungsaufgabe und -intensität sind dem Alter und den konditionellen Fähigkeiten der Schüler*innen angemessen.
- ☐ Es sind eindeutige Markierungen, Hilfsmittel sowie klare Erklärungen vorhanden.
- ☐ Charakterliches Fehlverhalten und falsche Übungsausführung werden aufgegriffen.
- ☐ Sicherheitsaspekte werden berücksichtigt.
- ☐ Die Schüler*innen wissen um den Sinn des Aufwärmens und sind somit motivierter.

Einführung

- ☐ Jeder Sportlehrkraft kommt es zugute, wenn sie sich einen bestimmten Fundus an Spielutensilien anschafft: Wäscheklammern, Bierdeckel, große Schaumstoffwürfel, Schwimmnudeln; Spielkarten im Gepäck zu haben, erleichtert das Geschäft!
- ☐ Unterschätzen Sie nicht die Bedeutung der Teambildung: Bei einigen Kleinen Spielen oder Staffeln ist es ungünstig, zu überlegene oder chancenlose Teams antreten zu lassen. Die Motivation kann so schnell verfliegen. Auch das altbekannte namentliche „Wählen" scheint wenig sinnvoll, da die bis zum Schluss übrig gebliebenen Schüler*innen dem Rest der Stunde nicht unbedingt positiv entgegenblicken.
  Eine bewährte Methode ist es, leistungsstarke Schüler*innen als Teamkapitän*innen zu setzen, davon jede*n einmal wählen zu lassen und die Teamzusammensetzung anschließend dem Zufall zu überlassen. So kann man beispielsweise verschiedenfarbige Karten oder Wäscheklammern ziehen lassen, abzählen oder nach Geburtsdaten etc. einteilen.
- ☐ Nutzen Sie den Bewegungsdrang: Vielen Schüler*innen fällt es schwer, die Sporthalle zu betreten und sich sofort auf die Langbank oder in den Mittelkreis zu setzen. Der Bewegungsdrang ist zu groß. Nutzen Sie dies zum Aufwärmen und lassen Sie die Schüler*innen so lange durch die Halle laufen oder gehen und sich „High-Five" geben, bis jeder mit jedem Kontakt hatte. Dann übernimmt die Lehrkraft.

Aufwärmen, Einstimmen und Vorbereiten in zehn Minuten

Unabhängig von der Sportart muss jede Sportstunde mit einem allgemeinen Warm-up beginnen, um Körper und Geist auf die im Anschluss folgende Sportart vorzubereiten. Unsere wenig trainierten Schüler*innen dürfen dabei nicht überfordert werden. Zehn Minuten Aufwärmen reichen normalerweise aus. Das Aufwärmen sollte für die Schüler*innen idealerweise einen angenehmen, freudvollen Stundenauftakt darstellen, wo – gerne auch zu Musik – abwechslungsreiche Formen angeboten werden, die dem Bewegungsdrang der Schüler*innen gerecht werden. Optimal ist es, Wege zu finden, die bereits am Anfang das Wir-Gefühl stärken und auch schwächere Schüler*innen integrieren. Lerneffekte kommen zustande, wenn den Schüler*innen Notwendigkeit und Sinn der Aktivität einleuchten.

Die Materialangaben und Gruppengrößen der folgenden Ideen beziehen sich auf Klassen mit ca. 20 Schüler*innen. Abstände zu Zielen, die Anzahl der Fänger*innen oder der ins Spiel gebrachten Bälle legt die Lehrkraft entsprechend dem Gruppenniveau selbst fest. Bei den Spielregeln oder Übungsabläufen handelt es sich um Ideen, die natürlich jederzeit der Klassensituation angepasst werden können.

Laufspiele und Bewegungsaufgaben

Laufen zu Beginn einer Sportstunde stellt für unsere Schüler*innen nicht unbedingt die reizvollste Aufgabe dar. Mit dem hinreichend bekannten Rundenlaufen kann man niemanden mehr hinter dem Ofen hervorlocken. Vielmehr sollte man sich hier reizvollere Übungen zurechtlegen, die zudem auch zur Verbesserung der Bewegungskoordination und -technik sowie zur Entwicklung von Kraft und Schnelligkeit beitragen können. Das Laufen in einem motivierenden Rahmen zu präsentieren, der die Schüler*innen am besten gar nicht erkennen lässt, wie intensiv man läuft, ist clever.

In diesem Zusammenhang soll kurz auf das Lauf-Abc, also auf das kleine Einmaleins der Laufschulung, eingegangen werden. Gewinnbringend für das allgemeine Aufwärmen wäre, wenn im Hauptteil eigener Unterrichtseinheiten auf die zahlreichen Variationen des Laufens, Hüpfens, Federns, Tippelns, Drehens oder Springens eingegangen wird. Auch wenn das Lauf-Abc umstritten ist und ihm der Ruf der Monotonie, des Drills und der Langeweile vorauseilt, ist es durchaus vorteilhaft, wenn man Bewegungen wie Hopserlauf, Sprunglauf, Anfersen, Einbeinsprünge, Wechselsprünge, Seitwärtsgrätschlauf, Überkreuzlauf, Kniehebelauf, Ballenlauf oder Trommellauf in sein Warm-up-Repertoire aufnimmt und somit in Aufwärmübungen sinnvoll zur Intensivierung einbauen kann.

Bewegungsaufgaben sind Übungsformen, bei denen die Motorik der Übenden und die umfassende körperliche Bewegung im Zentrum stehen. Bestimmte oder umfassende Bereiche des Bewegungsapparates werden durch Aktivitäten beansprucht, die motivierend sind und hohen Aufforderungscharakter besitzen, nicht aber zwangsläufig in eine Spiel- oder Wettkampfsituation eingebunden sind. Diese Übungen können Selbstzweck haben oder gezielt auf eine Sportart vorbereiten.

Wichtige Faktoren im Rahmen des Aufwärmens sind:
- das Aufrechterhalten der Motivation durch Vermeidung von Eintönigkeit;
- die Vielfalt der Bewegungen;
- die richtige Dosierung der Intensität;
- die Korrektheit der Ausführung.

Langbank-Run

Material:
4 Langbänke; 6 Pylonen

Vorbereitung auf:
Leichtathletik: Wurf, Sprung, Lauf; Gerätturnen; Parcours; Bewegungskünste; Tanz

Im Abstand von ca. sechs Metern werden vier Langbänke quer zur Laufrichtung aufgestellt. Mit Pylonen werden Start und Ziel markiert (siehe Abbildung). Zwei Teams positionieren sich in Reihe am linken bzw. rechten Rand der Übungszone. Jeweils ein*e Schüler*in von Team 1 und Team 2 starten gleichzeitig mit Bewegungsaufgaben auf den Parcours. Die beiden sollen ihr Lauftempo so koordinieren, dass sie zwischen den Langbänken immer auf gleicher Höhe sind:

- Vorwärtslaufen mit Kreuzen zwischen den Langbänken;
- Lauf-Abc (Anfersen etc.), ansonsten wie vorher;
- Rückwärtslaufen mit Kreuzen zwischen den Langbänken;
- mit Sidesteps durch den Parcours; beim Kreuzen springen die Schüler*innen hoch und klatschen sich ab;
- gerades Überlaufen der Bänke;
- beidbeiniges Aufspringen auf die Bank, beidbeiniges Abhüpfen;
- Hockwenden über die Bänke;
- mit den Händen auf der Bank aufstützen, einen schrägen Liegestütz machen;
- der*die Schüler*in aus Team 1 hebt die Bank an einem Ende so hoch, dass der*die Schüler*in aus Team 2 unten durchschlüpfen kann;
- die beiden Schüler*innen stemmen die Bank von den beiden Enden aus einmal hoch und laufen dann zur nächsten;
- der*die Schüler*in aus Team 1 legt sich bäuchlings auf die Bank, der*die andere aus Team 2 zieht ihn*sie entlang;
- eigene Ideen.

Varianten:
- Die Laufübungen können dribbelnd mit einem Ball durchgeführt werden.
- Anstatt einer Langbank werden zwei Turnmatten ausgelegt, sodass Rollbewegungen eingebaut werden können.

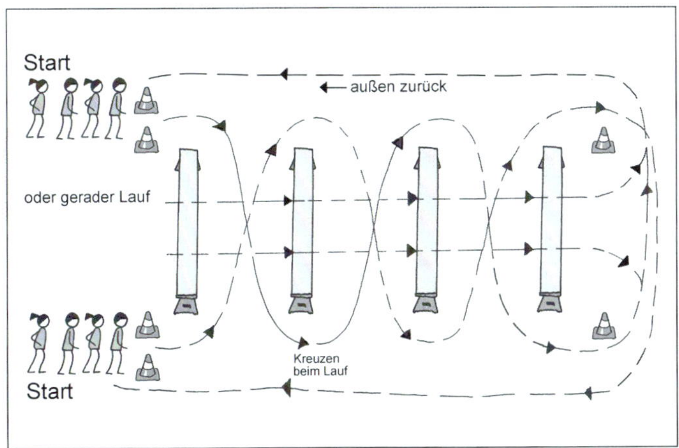

Lauf die 12

Material:
6 Pylonen zur Markierung des Rundkurses; 6 Sprungseile; Musik; 1 großer Schaumstoffwürfel

Vorbereitung auf:
Leichtathletik: Lauf, Sprung; Ballspiele; Tanz; wichtig: Fairness

An jeder Pylone (siehe Abbildung) versammeln sich gleich viele Spielende und bilden ein Team. Jedes Team hat ein Sprungseil. Vorgabe ist, dass bei Musikbeginn jedes Team zwölf komplette Runden läuft. Während des Laufs hat jede*r Schüler*in eine Hand am Sprungseil. Das Team, das als Erstes fertig ist, ruft laut „Stopp!", die Lehrkraft hält die Musik an. Nun trifft man sich am Mittelkreis und jedes Team berichtet ehrlich, wie viele komplette Runden es geschafft hat. Angefangene Runden zählen nicht. Jetzt kommt der Schaumstoffwürfel ins Spiel. Ein Mitglied jedes Teams darf einmal würfeln. Die erzielte Augenzahl wird zu der gelaufenen Rundenzahl addiert. So kann auch ein schwächeres Team letztendlich noch gewinnen.

Varianten:
- Je nach Leistungsstand können mehr oder weniger Runden vorgegeben werden.
- Nach jeder Runde muss der*die Führungsläufer*in wechseln.
- Jede zweite Runde wird mit Sidesteps, jede dritte Runde im Hopserlauf absolviert.

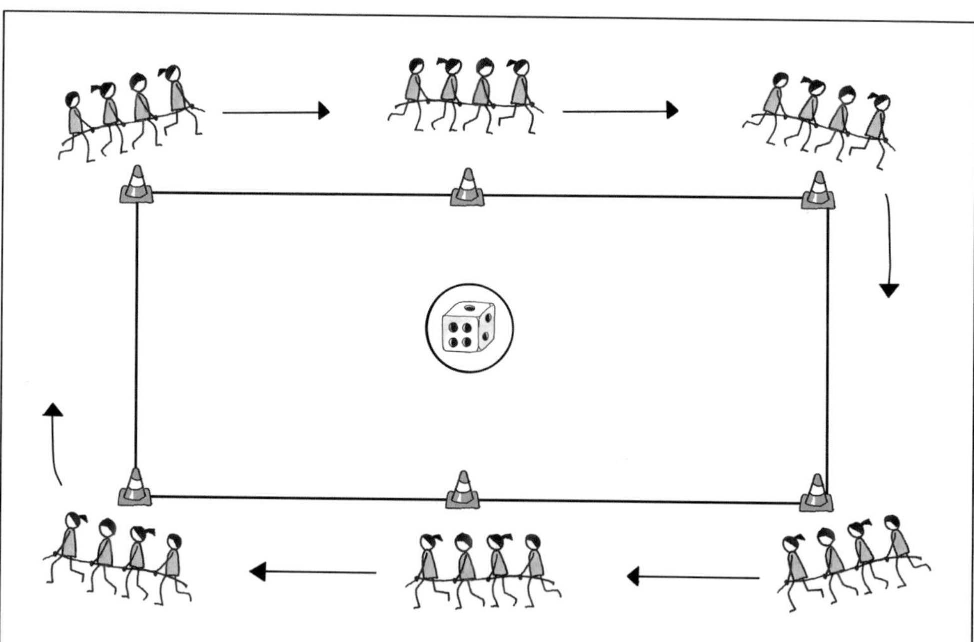

Drill

Material:
Demoplakate mit Aufstellungsformen; 1 Pylone pro Schüler*in

Vorbereitung auf:
Tanz; Aerobic; Step; Bewegungskünste; Leichtathletik: Lauf

Die Lehrkraft erinnert mithilfe von Plakaten an die verschiedenen Aufstellungsformen, die zur Organisation und Demonstration im Rahmen des Sportunterrichts notwendig sind (siehe auch Abbildung). Die Klasse wird in Teams von sechs bis acht Spielenden eingeteilt. Zwischen den Teams findet ein Wettkampf statt, wer in der kürzesten Zeit die geforderte Organisationsform hergestellt hat.

- **Aufgabe 1:** Den Teams wird ein bestimmtes Areal zugeteilt, an der Stirnseite der Halle stehen ungeordnet alle Pylonen. Auf ein Kommando der Lehrkraft hin (z. B. „Reihenaufstellung!") stürmen die Spielenden los, holen sich jeweils eine Pylone und stellen die angesagte Aufstellungsform mithilfe der Pylonen nach. Die Hallenlinien können dabei zur Orientierung dienen.
- **Aufgabe 2:** Alle Spielenden laufen locker durcheinander. Nun wird die gleiche Aufgabe wie oben gestellt. Jetzt versucht jedes Team, so schnell wie möglich die Formation mit Personen (ohne Pylonen) darzustellen. Vorgegeben ist auch der Abstand von zwei Schritten zwischen den Schüler*innen.

Die verschiedenen Aufstellungsformen sollten am besten zu Beginn des Schuljahres eingeübt werden. Das erleichtert der Lehrkraft das Unterrichten enorm.

Variante:
Alle Teams bilden ein großes Team und versuchen jeweils die Zeit zu unterbieten, die beim letzten Versuch erreicht wurde. Für die Aufstellung bleiben die einzelnen Teams für sich. Zu schlagen ist die Gesamtzeit, also die Zeit, in der auch die letzte Einzelgruppe in der vorgegebenen Aufstellungsform steht.

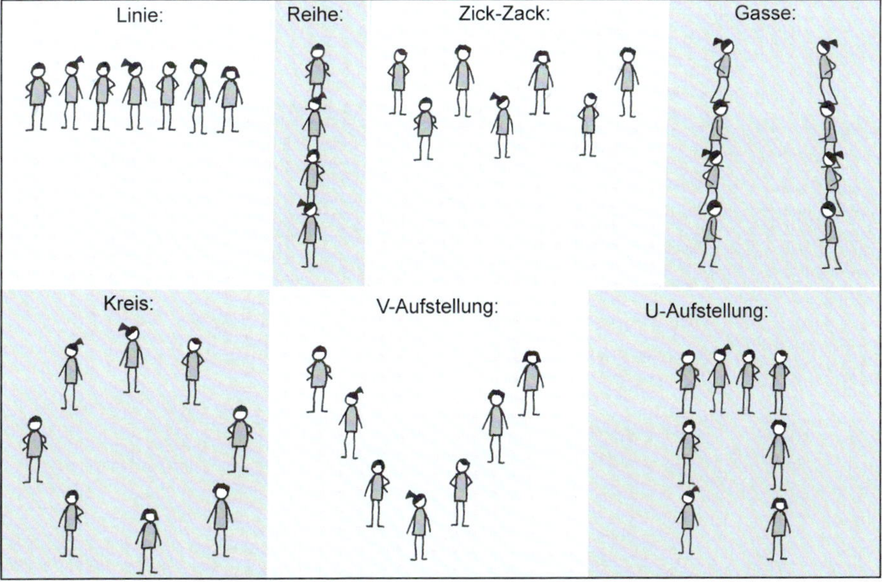

Luftballon-Jonglage

Material:
verschiedenfarbige Luftballons; Musik; Pylonen zur Markierung der Startlinie

Vorbereitung auf:
Gymnastik; Tanz; Ballspiele; Bewegungskünste

Ein Team von vier bis fünf Spielenden erhält einen Luftballon, mit dem es in Teamarbeit verschiedene Aufgaben erledigt. Jeweiliges Ziel: Der Ballon darf nicht auf den Boden fallen!

- Der Ballon wird eine Minute nur mit den Händen in der Luft gehalten.
- Alle Körperteile, außer den Händen, dürfen zum Schlagen des Ballons genutzt werden (eine Minute lang).
- Jedes Team nummeriert seine Mitglieder durch und der Ballon muss immer in der richtigen Reihenfolge geschlagen werden (eine Minute lang).
- Gleiche Aufgabe wie davor, der Ballon darf aber nur nach Fußballregeln (kein Handspiel) gespielt werden (eine Minute lang).
- Die Teammitglieder sitzen. Der Ballon muss in der richtigen Reihenfolge der Spielenden vor dem Bodenkontakt bewahrt werden (eine Minute lang).
- Abschlussrennen: Startend von der Stirnseite der Halle aus muss der Ballon im Team zur gegenüberliegenden Wand geschlagen werden. Alle Teams starten gleichzeitig. Das Team, das den Ballon zuerst gegen die Wand schmettert, gewinnt. Vorgaben: Der Ballon darf nicht zweimal hintereinander von derselben Person berührt werden. Fällt der Ballon zu Boden, muss das Team zurück zum Start und neu beginnen.

Variante:
Gelingen einem Team die ersten Aufgaben problemlos, erhöht ein zweiter Luftballon die Intensität und die Koordinationsanforderungen.

Seilspringen

Material:
Pylonen zur Markierung eines Laufweges; 1 Sprungseil pro Schüler*in; Musik

Vorbereitung auf:
Gymnastik; Tanz; Leichtathletik: Lauf, Sprung; allgemeine Konditionsschulung

Die Schüler*innen laufen langsam dreimal in Serpentinen (siehe Abbildung) durch die Halle. In **Runde 1** schwingen sie dabei individuell ihr Sprungseil unter den Beinen hindurch.

Hinweise zur Seilspringtechnik:

- Seilführung: erfolgt über die Handgelenke
- Sprunghöhe: so flach wie möglich
- Absprung und Landung: nur über die Fußballen
- Armhaltung: Oberarme am Körper, Ellbogen angewinkelt
- Wichtig: „Sei vorsichtig und halte immer genügend Abstand zu den anderen!"

In **Runde 2** soll einfaches, beidbeiniges Abspringen mit individuellem Rhythmus stattfinden.
In **Runde 3** wird einbeinig mit individuellem Rhythmus abgesprungen.

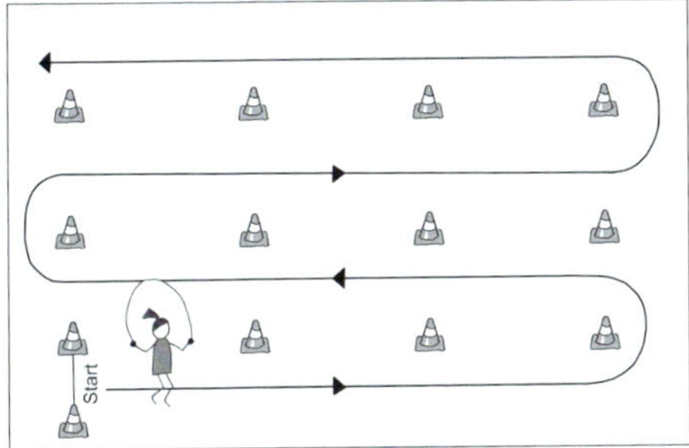

Nach den drei Runden sucht sich jede*r Schüler*in einen Übungsplatz auf dem Serpentinen-Parcours für die nachfolgenden Übungen. (Ist der Platz zu knapp, kann man hier auch in zwei Teams üben – so sind auch jeweils Pausen für ein Team möglich.)
Die Lehrkraft springt nun unterschiedliche Übungen vor (siehe Abbildung) und die Schüler*innen versuchen, diese zu imitieren.

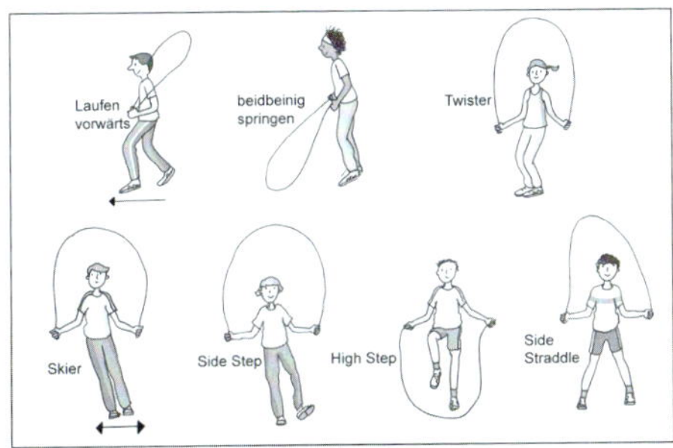

Varianten:

- Die Sprünge werden zuerst ohne Seil geübt.
- Die Sprungvarianten können auch im Hauptteil einer Stunde im Stationenbetrieb vorbereitet und geübt werden.

Schätzrundenlauf

Material:
6 Pylonen; Stoppuhr

Vorbereitung auf:
Leichtathletik: Lauf; Ballspiele; Gymnastik; Tanz; allgemeine Konditionsschulung

Die Klasse wird in vier oder sechs Teams eingeteilt. Die Teams stellen sich an den mit Pylonen gekennzeichneten Startpunkten auf. Ein*e ausgewählte*r Schüler*in läuft eine gemütliche Hallenrunde. Die Lehrkraft misst die gelaufene Zeit und teilt sie den anderen Schüler*innen zur Orientierung mit.

Die Aufgabe lautet nun: Die Teams sollen versuchen, im Team eine Runde in genau dieser Zeit zu laufen. Welches Team schafft es am besten?

Nach jeder Runde wird eine neue Zielzeit vorgegeben. Kann die Gruppe ein gutes Zeit- und Geschwindigkeitsgefühl entwickeln?

Variante:
Jedes Team hat pro Runde einen Joker, d. h. in jeder Runde darf ein Teammitglied freiwillig pausieren, falls die Belastung zu groß wird. Jede*r Schüler*in darf höchstens einmal aussetzen.

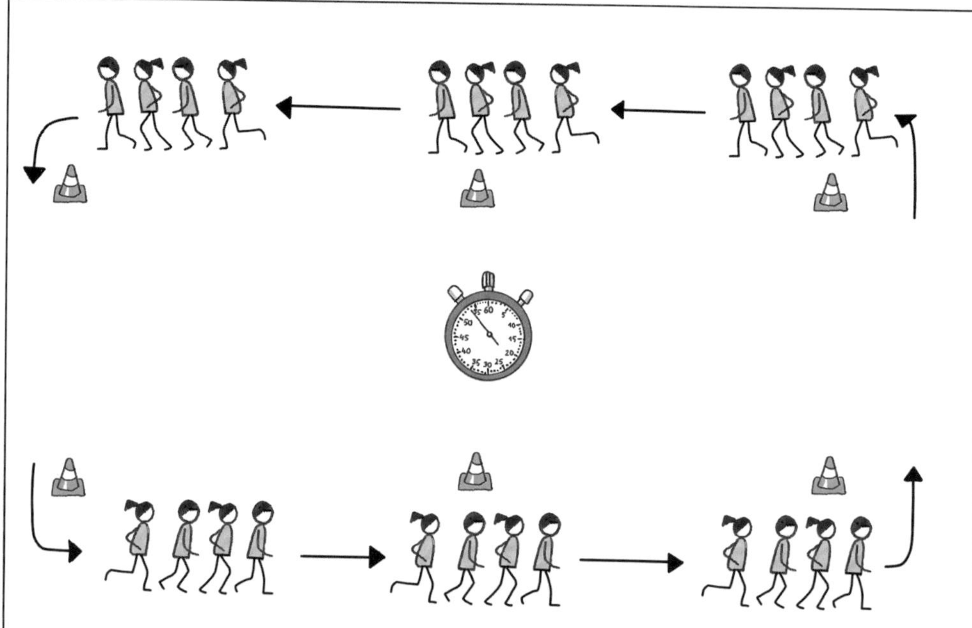

Rasende*r Reporter*in

Material:
Tageszeitungen; ca. 5 Pylonen; Musik

Vorbereitung auf:
Leichtathletik: Lauf; Ballspiele; Gymnastik; Tanz

Jede*r Schüler*in erhält eine Doppelseite einer Tageszeitung.

Teil 1: Die Schüler*innen legen sich die Doppelseite ungefaltet vor die Brust und laufen frei durch die Halle, sodass die Zeitungsseiten nicht zu Boden fallen. Nun wird die Halle der Länge nach in einen Hin- und Rückweg geteilt und mit Pylonen markiert (siehe Abbildung). Nach und nach wird die Zeitung individuell immer kleiner gefaltet, sodass jeweils eine höhere Laufgeschwindigkeit gefordert ist, um genügend Anpressdruck zu erzeugen.

Teil 2: Im zweiten Teil des Aufwärmprogramms werden Zweierteams gebildet. Jedes Team erhält eine Doppelseite, die viermal gefaltet wird. Wenn die Musik beginnt, laufen alle Zweierteams kreuz und quer durch die Halle. Stoppt die Musik, muss schnell die Zeitung entfaltet und auf den Boden gelegt werden. Anschließend stellt sich eine*r der beiden auf die Zeitung, der*die andere springt Huckepack auf den Rücken des Partners. Das jeweils langsamste Zweierteam scheidet aus.

Variante:
Die Schüler*innen können in Teil 1 auch versuchen, die Zeitung am Oberschenkel, Oberarm oder beim Rückwärtslauf zu transportieren.

Tchoukball-Runden

Material:
2 Tchoukball-Rahmen; 4 Pylonen zur Markierung der Abwurflinie; 4 Gymnastikbälle

Vorbereitung auf:
Handball; Basketball; Bewegungskünste; Jonglage

Es werden zwei Teams gebildet, die sich hintereinander vor ihrem jeweiligen Tchoukball-Rahmen aufstellen. Jedes Team hat zwei Gymnastikbälle. Auf der Mittellinie stehen zwei Zuspieler*innen. Spieler*in 1 wirft den Ball in den Rahmen, fängt den zurückprallenden Ball auf und gibt ihn an Spieler*in 2. Spieler*in 1 stellt sich beim anderen Team hinten an.

Alternative: Spieler*in 1 wirft den Ball in den Rahmen, Spieler*in 2 fängt den Ball. Spieler*in 1 stellt sich beim anderen Team hinten an.

Während des Laufs zum anderen Team erhält man auf Höhe des Mittelkreises einen Pass / Bodenpass eines*einer Zuspielers*Zuspielerin, der sicher gefangen und sauber zurückgespielt werden muss. Ein Rundlauf mit Wurf- und Fangübungen entwickelt sich. Verschiedene Wurftechniken können angesagt werden: Schlagwurf / Druckpass / Überkopfwurf.

Variante:
Sollten keine Tchoukball-Rahmen zur Verfügung stehen, kann die Übung mit dem Basketballbrett als Ziel durchgeführt werden.

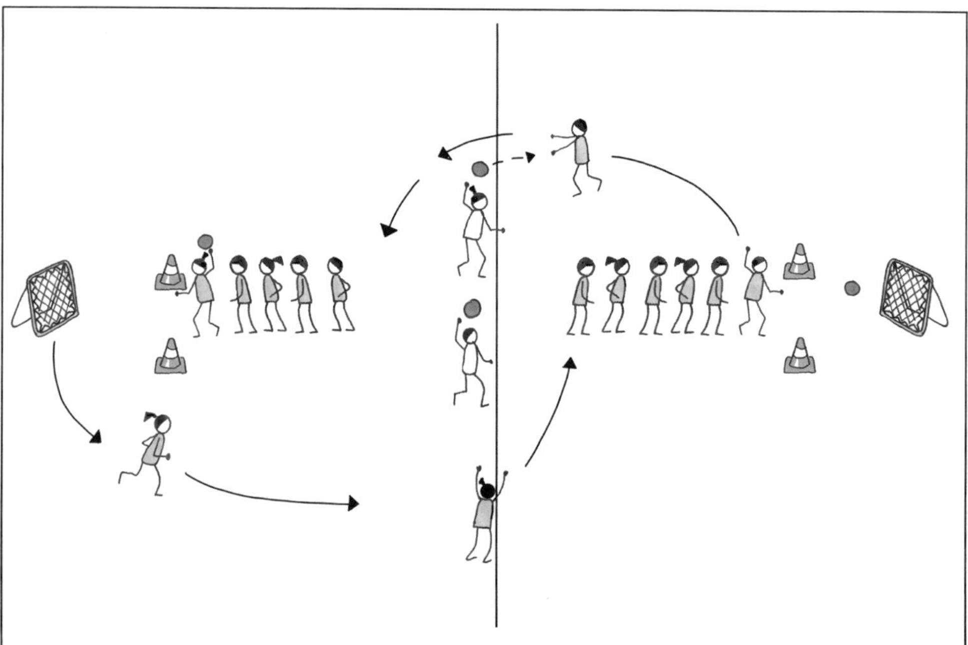

Frisbee-Basics

Material:
Frisbeescheiben; Pylonen zur Markierung der Abstände zwischen den Teams

Vorbereitung auf:
alternative Sportspiele; Leichtathletik: Lauf; Bewegungskünste

Grundtechniken Frisbee:

- Rückhandwurf: Der Daumen liegt auf der Frisbeeoberseite, der Zeigefinger auf der Kante, die restlichen Finger unter der Scheibe. Der Wurf erfolgt aus dem Handgelenk und durch Streckung von Ellbogen und Arm.
- Sandwich-Catch: Eine flache Hand umschließt das Frisbee von oben, die andere von unten. Die Scheibe bildet quasi den „Sandwichbelag".

Vorübung: Je nach Anzahl der zur Verfügung stehenden Frisbees wird zuerst in Zweier-, Vierer- oder Sechserteams geübt. Pro Gruppe wird ein Frisbee zum Erlernen der Grundtechniken (siehe oben) geworfen und gefangen. Der Abstand zwischen Werfer*in und Fänger*in soll anfangs nicht mehr als sechs Meter betragen.
Mögliche Organisationsformen:

- Gassenaufstellung der Klasse, wobei die beiden Partner*innen sich jeweils gegenüberstehen;
- Viereck bei Viererteams;
- bei weniger zur Verfügung stehenden Scheiben stehen sich zwei Gruppen mit jeweils mehreren Schüler*innen gegenüber; nach dem Wurf stellt sich jede*r Schüler*in am Ende der eigenen Reihe auf.

Hauptübung in vier Teams (siehe Abbildung): Spieler*in 1 aus Team A wirft zu Spieler*in 1 aus Team B, läuft dann zu Team B, umrundet es, läuft zurück und stellt sich wieder bei A an. Ziel ist es, das Frisbee nach diesem Prinzip hin und her wandern zu lassen, ohne dass es zu Boden fällt. Team C versucht dies ebenso mit Team D im Wettkampf mit A und B. Die Wurfdistanz sollte bei ungeübten Gruppen ca. zehn Meter betragen.

Varianten:

- Bei entsprechend viel Platz laufen alle Schüler*innen durcheinander und werfen sich in den Teams drei bis fünf Frisbees zu. Wichtig: Blickkontakt mit dem*der Passempfänger*in vor dem Wurf!
- Es gibt keine Teams, alle laufen frei durcheinander.

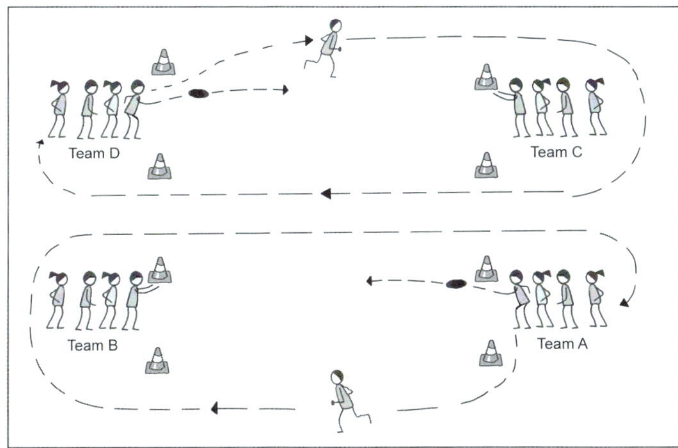

Frisbee-Mattenrennen

Material:
3 Weichbodenmatten; 9 Frisbeescheiben; 2 Pylonen zur Markierung der Ziellinie

Vorbereitung auf:
alternative Sportspiele; Leichtathletik: Sprung; Gerätturnen

Die Klasse wird in drei Teams aufgeteilt. Die Teams stellen sich in etwa fünf Metern Entfernung zu ihrer Weichbodenmatte hintereinander auf. Jedes Team hat drei Frisbees. Nun versuchen die ersten Spielenden der Teams, ihr Frisbee auf die Weichbodenmatte zu werfen. Berührt es die Oberfläche (es muss nicht liegen bleiben), darf der*die Werfende mit Anlauf auf die Matte springen und sie so nach vorne rutschen lassen. Wenn der*die Werfende die Matte verlassen hat, darf der*die nächste werfen. Erst wenn alle drei Frisbees geworfen sind, dürfen sie geholt werden. Je weiter die Weichbodenmatte entfernt ist, desto seltener wird man mit dem Frisbee deren Oberfläche treffen. Welches Team schafft es, die Weichbodenmatte zuerst über die Ziellinie zu rutschen?

Varianten:
- Anstelle von Frisbeescheiben können Gymnastikbälle oder Gummiringe verwendet werden.
- Bei den einzelnen Durchgängen kann zwischen Sprüngen mit „Arme voraus“ und „Beine voraus“ abgewechselt werden.

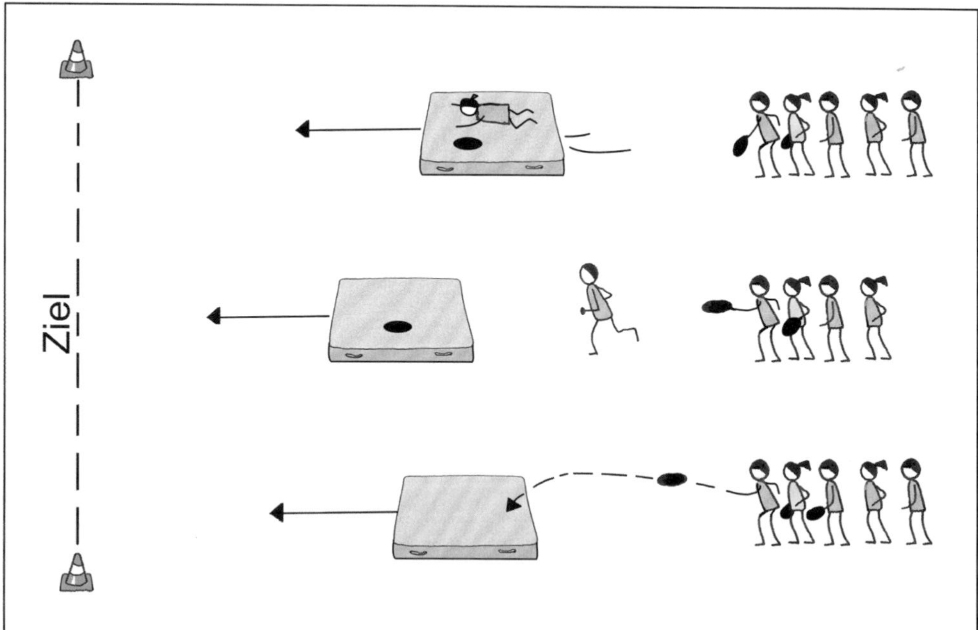

Faules Ei

Material:
5 Gymnastikreifen pro Spielfeld; 1 Ball pro Spielfeld; Pylonen zur Markierung der Spielfelder

Vorbereitung auf:
Ballspiele; Leichtathletik; Gymnastik; Tanz; allgemeine Konditionsschulung

Jeweils vier Angreifende spielen gegen vier Verteidigende in einem abgegrenzten Feld, in dem fünf Gymnastikreifen verteilt sind. Es können – je nach Zahl der Schüler*innen – mehrere Spielfelder nebeneinander aufgebaut werden. Pro Spielfeld ist ein Ball im Einsatz.

Die Angreifenden müssen sich den Ball geschickt zupassen und dann versuchen, ihn in einen Gymnastikreifen zu legen. Die Gymnastikreifen können von den Verteidigenden „gesperrt" werden, indem sie einen Fuß in den Reifen setzen. Können die Verteidigenden den Ball gar abfangen, werden sie zu Angreifenden. Empfehlenswert ist die Vorgabe einer maximalen Schrittzahl bei Ballbesitz. Das Team, das innerhalb der Spielzeit die meisten Bälle erfolgreich abgelegt hat, siegt.

Variante:
Die Angreifenden erhalten einen zweiten Ball und / oder die Abstände der Gymnastikreifen werden variiert.

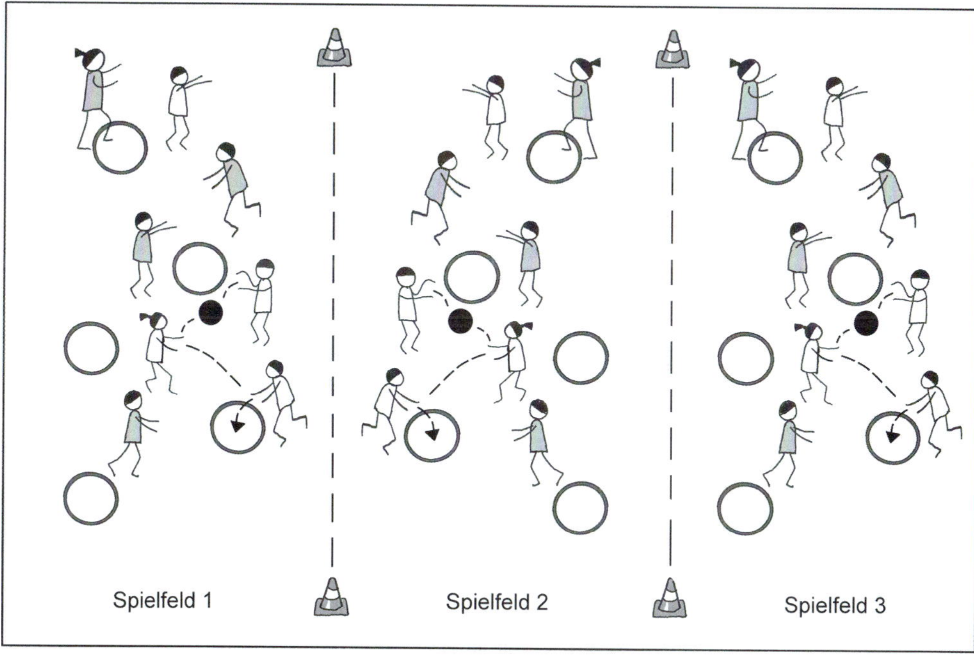

Basketball-Rundlauf

Material:
4 Pylonen zur Markierung der Start- und Ziellinie; ca. 5 Pylonen für den Parcours; 2 Langbänke; ca. 5 Gymnastikreifen; 2 Turnmatten; 5 Basketbälle

Vorbereitung auf:
Basketball; allgemeine Konditionsschulung; Gymnastik; Tanz

Im Rundlaufmodus absolvieren die Schüler*innen die verschiedenen Übungen, die der Parcours vorgibt:

- 1 über die Langbank laufen, den Ball am Boden prellen
- 2 Slalomdribbling durch Pylonen
- 3 Druckpass gegen die Wand und Ball fangen
- 4 Korbleger
- 5 prellend durch Gymnastikreifen tippeln
- 6 Ball auf Matten prellen
- 7 Positionswurf
- 8 Rebound und Pass zur ersten Person in der Warteschlange

Variante:
Der Parcours kann auf Handball umgemünzt werden: Statt Korbleger und Positionswurf können Schlagwürfe auf Ziele eingebaut werden.

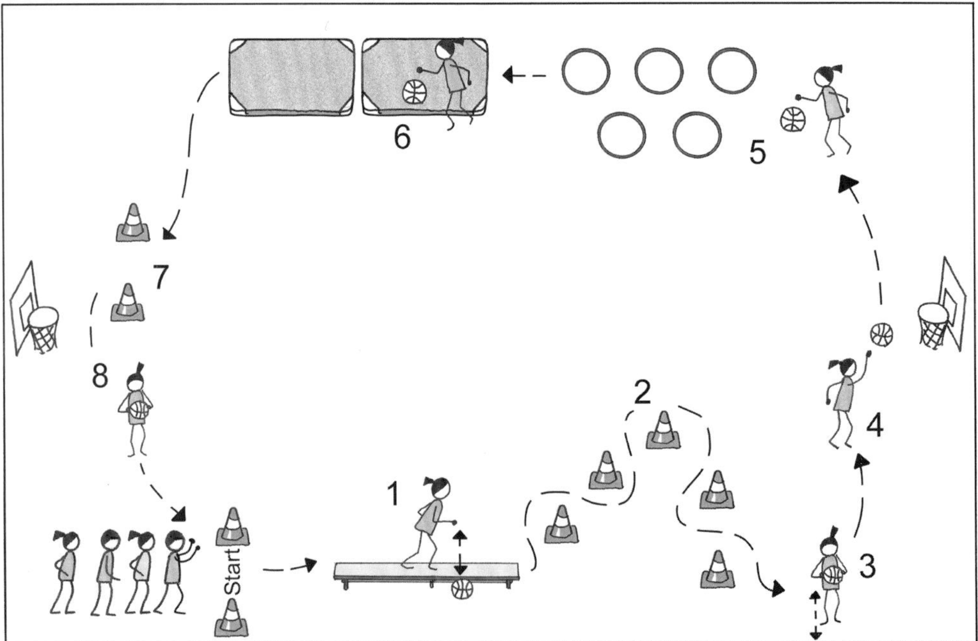

Multiball

Material:
4 Langbänke; Musik; 5 Bälle pro Spielfeld (Fußbälle, Basketbälle, Handbälle, Volleybälle)

Vorbereitung auf:
Ballspiele; Bewegungskünste; Jonglage

Das Spielfeld wird mithilfe eines Langbankkreuzes in vier Viertel unterteilt. Jeweils ein Team begibt sich in eines der Felder. In jedem Viertel ist zu Musik eine andere Aufgabe bei lockerem Lauf zu erledigen. Jede*r Schüler*in hat einen eigenen Ball:

› **Feld 1:** Fußball: Der Fußball wird beidbeinig und kontrolliert mit Innen- und Außenseite geführt.
› **Feld 2:** Basketball: Der Basketball wird ohne Schrittfehler gedribbelt, nicht nur mit der „starken" Hand.
› **Feld 3:** Handball: Der Handball wird beidhändig geprellt.
› **Feld 4:** Volleyball: Der Volleyball wird hochgeworfen oder gepritscht und im Sprung aufgefangen bzw. im Stand durch Baggern angenommen.

Um das periphere Sehen zu fördern, ist eine Hauptaufgabe das Vermeiden von Kollisionen.
Das Lauftempo wird von der Lehrkraft variiert.
Die Schüler*innen wechseln die Felder im Uhrzeigersinn, wenn die Musik stoppt.

Variante:
Wenn nicht jede*r Schüler*in einen eigenen Ball besitzt, wird in den einzelnen Vierteln sportartspezifisch kombiniert und zusammengespielt.

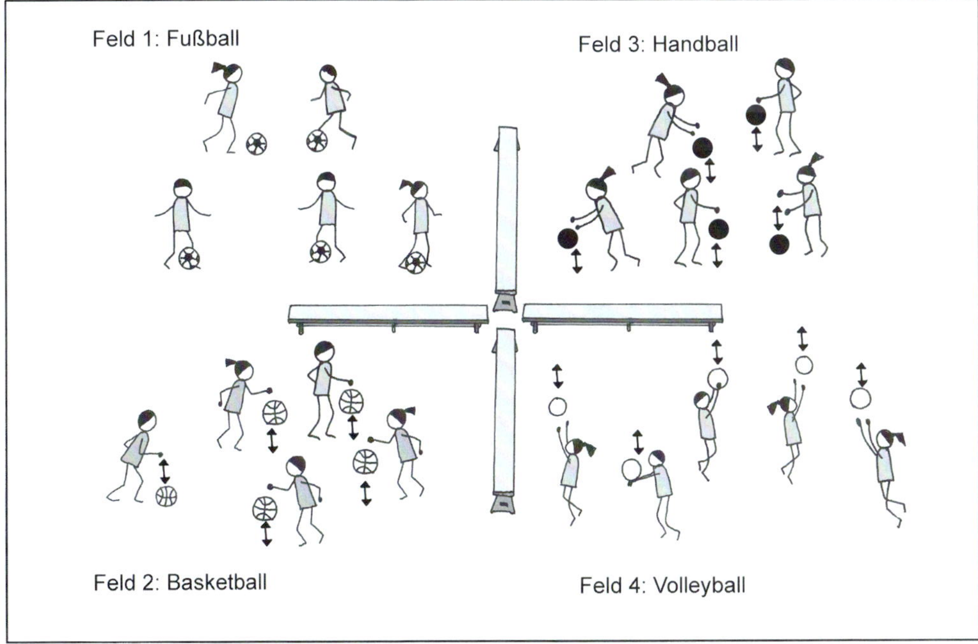

Taurunde

Material:
2 Taue

Vorbereitung auf:
Gerätturnen; Leichtathletik: Sprung, Lauf

Die Klasse wird in zwei Teams aufgeteilt. Jedes Team erhält ein Tau, das an den beiden Enden fest verknotet wird. An diesem Rundtau werden nun verschiedene Aufwärmübungen durchgeführt:

- Das Team läuft locker im Kreis, mit der linken Hand am Tau; das Tau ist dabei leicht auf Spannung gehalten. Dann erfolgt ein Richtungswechsel, dieses Mal mit der rechten Hand am Tau.
- Das Team sitzt mit Blickrichtung zur Kreismitte am Tau, das unter den Beinen hindurch verläuft. Die Beine werden angehoben, das Tau unter den Beinen im Kreis bewegt und weitergereicht; mehrmaliger Richtungswechsel.
- Das Team befindet sich im einarmigen Liegestütz über dem Tau und reicht das Tau unter dem Körper weiter; Richtungs- und Armwechsel nicht vergessen!
- Ein Team läuft mit dem Tau gegen den Uhrzeigersinn im Kreis, das andere in Gegenrichtung. Immer wieder verlässt ein Gruppenmitglied das eigene Tau und wechselt zum gegenüberliegenden in die andere Hallenhälfte.
- Zum Abschluss: Jede*r am Rundtau zieht kraftvoll und versucht, sein*ihr Gegenüber zu besiegen.

Variante:
Die Übungen können auch mit dem Fallschirm durchgeführt werden, natürlich ohne den Seilzieh-Wettkampf zum Abschluss.

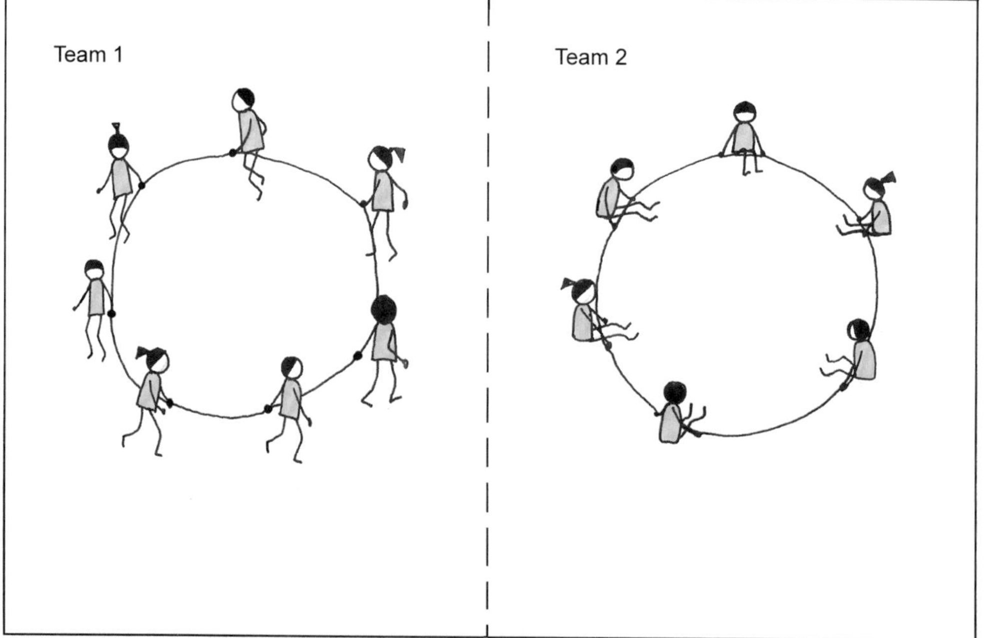

Dorffeuerwehr

Material:
4 Langbänke; 1 Pylone pro Schüler*in; 4 Pylonen zur Rundenmarkierung;
4 Gymnastikreifen zur Markierung der Brandherde

Vorbereitung auf:
Ballspiele; Leichtathletik: Lauf; allgemeine Konditionsschulung

Das Spielfeld wird mithilfe eines Langbankkreuzes in vier Viertel unterteilt. Die Klasse wird in vier Teams A, B, C, D eingeteilt und jedem Team wird ein „Feuerwehrhaus" (= Langbank) zugewiesen. Die Teams setzen sich auf ihre Langbank. Jede*r Schüler*in hat einen „Feuerlöscher" (= Pylone) neben sich. Meldet die Lehrkraft Feueralarm, begibt sich zuerst die vorderste Person der Gruppe auf den Weg zum gegenüberliegenden Brandherd, stellt ihren Feuerlöscher ab und holt die nächste Person zu Hilfe. Nach und nach wird ein Teammitglied nach dem anderen geholt, bis alle Schüler*innen laufen. Nun darf sich bei jeder folgenden Runde der Reihe nach wieder ein Feuerwehrmann absetzen. Welcher Löschzug ist zuerst wieder im Feuerwehrhaus?

Variante:
Auf dem Weg zum Brandherd können Zusatzaufgaben gestellt werden, z. B. können die Sprossenwände aufgestellt werden. Diese müssen die Schüler*innen dann übersteigen.

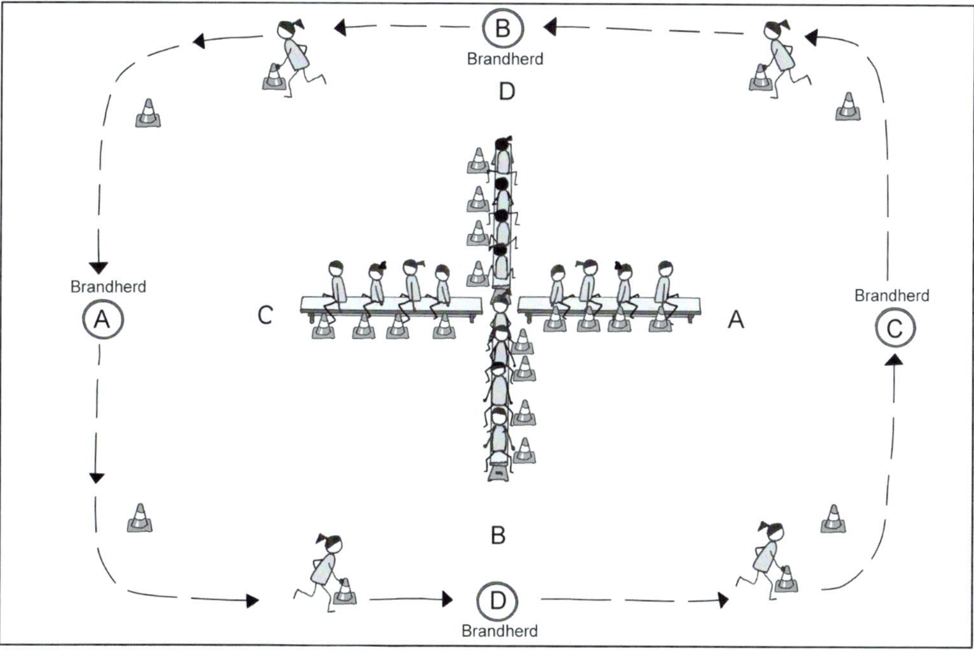

Rhythmuslauf

Material:
6 Turnmatten; weiße Tafelkreide; 4 Pylonen; feuchter Putzlappen

Vorbereitung auf:
Gymnastik; Tanz; Leichtathletik: Lauf, Sprung; Ballsport; allgemeine Konditionsschulung

Innerhalb des Volleyballfeldes werden auf drei Längsbahnen jeweils zwei Turnmatten ausgelegt. Die Turnmatten werden mit weißer Tafelkreide entsprechend der Abbildung mit Zahlen beschriftet. Die Schüler*innen postieren sich in sechs Teams vor den einzelnen Matten, studieren kurz den Rhythmus und laufen die Zahlen entsprechend ab. In Serpentinen-Laufrichtung absolviert jede*r Schüler*in den Rhythmusparcours mehrmals. Vier Pylonen kennzeichnen jeweils die Umkehrpunkte.

Das Entfernen der Kreide nach der Aufwärmphase nicht vergessen!

Varianten:

- Wenn Koordinationsleitern und rutschfeste Sohlenmarkierungen vorhanden sind, sind diese den Turnmatten vorzuziehen.
- Die Schüler*innen können sich in Teams auch eigene Rhythmen überlegen und aufzeichnen.

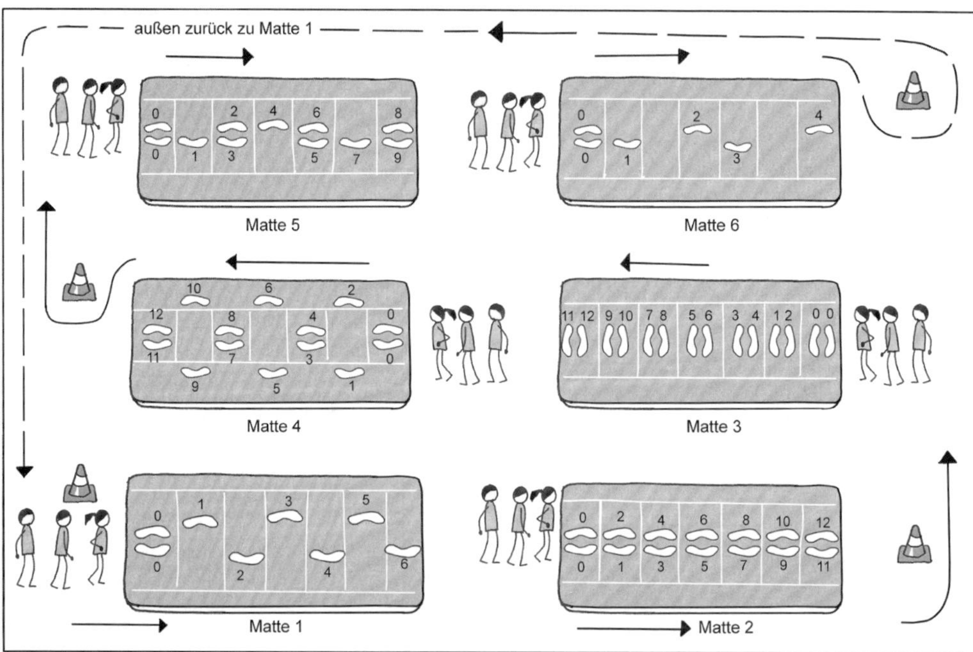

Hindernislauf

Material:
Hindernisse nach Wahl, z. B. Bananenkisten, Matten, Fahrradreifen / Gymnastikreifen; Pylonen; Trainingsstangen; Kastenteile, Langbänke usw.

Vorbereitung auf:
Leichtathletik: Sprung, Lauf; Gerätturnen; Ballspiele; allgemeine Konditionsschulung

Die Schüler*innen laufen im individuellen Tempo durch den Parcours. Um entsprechende Sicherheitsabstände einzuhalten und eine zunehmende Rhythmisierung des Laufes zu ermöglichen, läuft der*die nächste Schüler*in erst los, wenn der*die vorher Laufende eine von vier Längsbahnen absolviert hat.

Variante:
Im Sinne der Lauf-Rhythmisierung werden die Abstände zwischen den Hindernissen variiert.

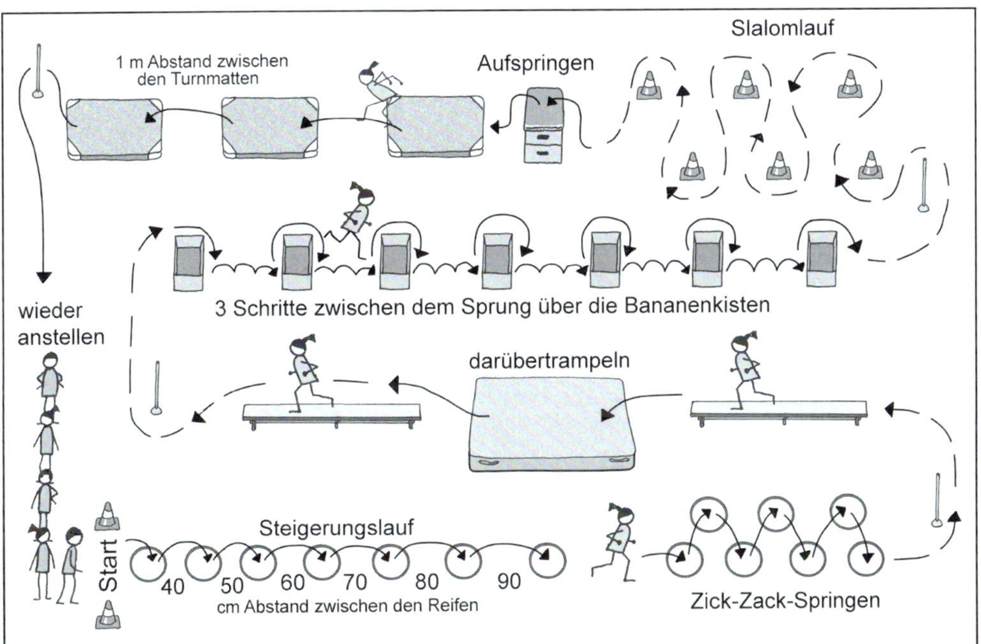

Passen mit Reifenwechsel

Material:
1 Gymnastikreifen pro Schüler*in; verschiedene Bälle (2 Basketbälle, 2 Handbälle, 2 Fußbälle)

Vorbereitung auf:
Ballspiele; Leichtathletik: Wurf; allgemeine Konditionsschulung

Die Schüler*innen verteilen sich gleichmäßig auf dem Spielfeld, jede*r steht in einem Gymnastikreifen. Anfangs sind ein Basketball, ein Handball und ein Fußball im Spiel. Nach Blickkontakt oder Rufen des Namens wird ein*e benachbarte*r Schüler*in mit einem Pass bedient. Der Basketball wird per Druckpass, der Handball mit Schlagwurf und der Fußball mit einem Überkopfeinwurf zugespielt. Nach erfolgtem Wurf verlässt der*die Passgebende den eigenen Reifen, läuft zum Reifen des*der Passempfangenden und nimmt dessen Position ein. Nach kurzer Zeit sind erfahrungsgemäß andere Reifen frei, die ebenfalls angelaufen werden können.

Wichtig:
- Nach erfolgtem Pass nicht stehen bleiben.
- Maximal der*die „übernächste" Schüler*in wird angespielt.
- Auch Bodenpässe sind erlaubt.
- Der Pass wird so geworfen, dass der*die Fangende den eigenen Reifen zum Fangen nicht verlassen muss.
- Ein zweites Ballset wird ins Spiel gebracht, sobald die Übung läuft.

Variante:
Die Reifen werden durch Pylonen ersetzt und Fußbälle werden einander mit der Fußinnenseite zugespielt.

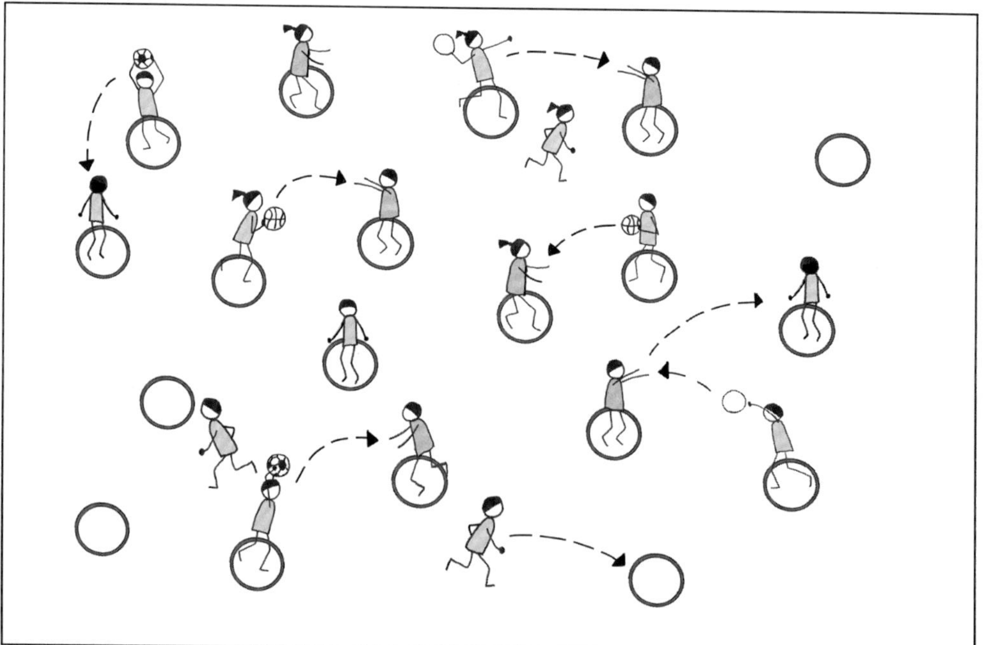

Pass-Lauf-Kontinuum

Material:
1 Markierungsteller pro Schüler*in; 1 Ball (Handball, Basketball, Fußball, Medizinball etc.)

Vorbereitung auf:
Ballspiele; Leichtathletik: Lauf

Sieben Schüler*innen bilden einen Kreis mit ca. zehn Metern Durchmesser. Sie verteilen sich auf der Kreislinie in gleichen Abständen zueinander und setzen ihren Markierungsteller. Ein Ball kommt ins Spiel. Beim Passen wird immer der*die übernächste Schüler*in angepasst. Unmittelbar nach dem Zuspiel läuft der*die Passgebende außen um den Kreis dem Ball nach und stellt sich beim Markierungsteller des*der Passempfangenden auf.

- 1 wirft zu 3, läuft außen um 2 herum auf den Platz von 3.
- 3 wirft zu 5, läuft außen um 4 herum auf den Platz von 5.
- usw.

Die Wurfarten werden vorgegeben, Richtungswechsel sind möglich.

Varianten:
- Das Spiel wird mit nur fünf Schüler*innen pro Kreis gespielt und ist daher intensiver.
- Das Spiel im Neunerkreis kann auch mit zwei gegenüber startenden Bällen gespielt werden.

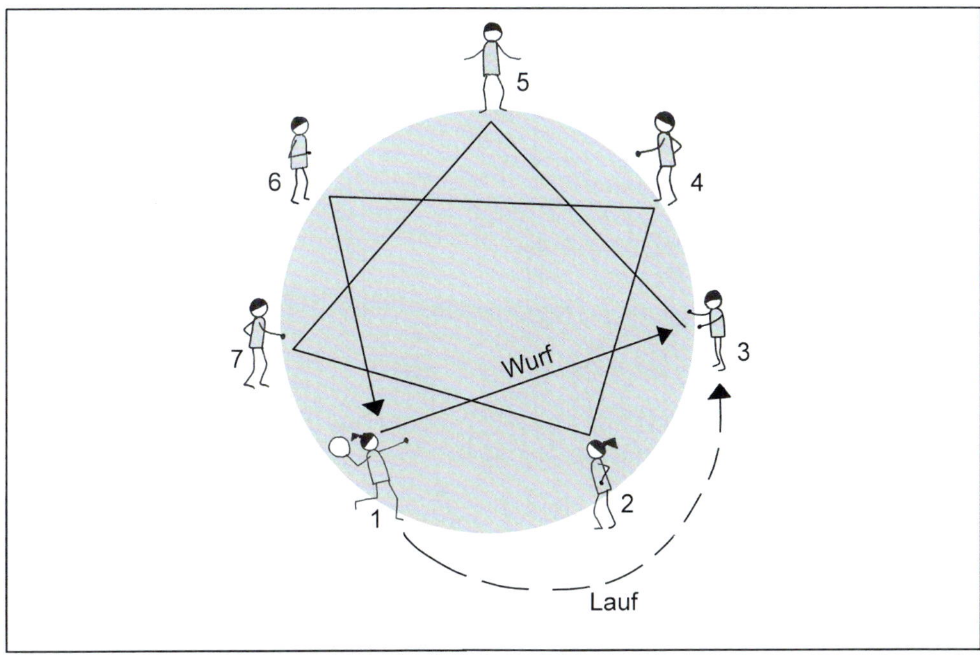

Der Ball läuft

Material:
4 Pylonen zur Markierung des Spielfelds; 3 Fußbälle; 3 Basketbälle; 3 Handbälle; Musik

Vorbereitung auf:
Ballspiele; Teamspiele; alternative Sportspiele; Leichtathletik: Lauf; Bewegungskünste

Alle Schüler*innen stellen sich zuerst in einem großen Kreis auf. Jede*r merkt sich den*die Nachbar*in links und rechts. Nachdem der Kreis aufgelöst wurde, werden zwei oder drei Basketbälle verteilt. Die Ballführenden laufen in Richtung des*der rechten Nachbar*in und spielen diese*n an usw. Ist dies eingeschliffen, kommen zusätzlich zwei oder drei Handbälle ins Spiel. Diese werden ebenfalls immer von dem*der vorher linken Nachbar*in empfangen und dem*der rechten zugespielt. Jetzt werden auch zwei oder drei Fußbälle dazu genommen. Mit einem kontrollierten Pass mit der Innenseite wird nach dem gleichen Prinzip wie oben verfahren.

Sobald das Spiel läuft, werden Würfe über andere Mitspielende hinweg untersagt. Zudem werden das Dribbling erlaubt und Druckpass (Basketball) bzw. Kernwurf (Handball) vorgeschrieben.
Zur Intensivierung müssen die Ballführenden nach dem Zuspiel zusätzlich an eine der vier Wände laufen und diese berühren.

Variante:
Die Passrichtung wird umgekehrt; Bodenpässe werden angesagt.

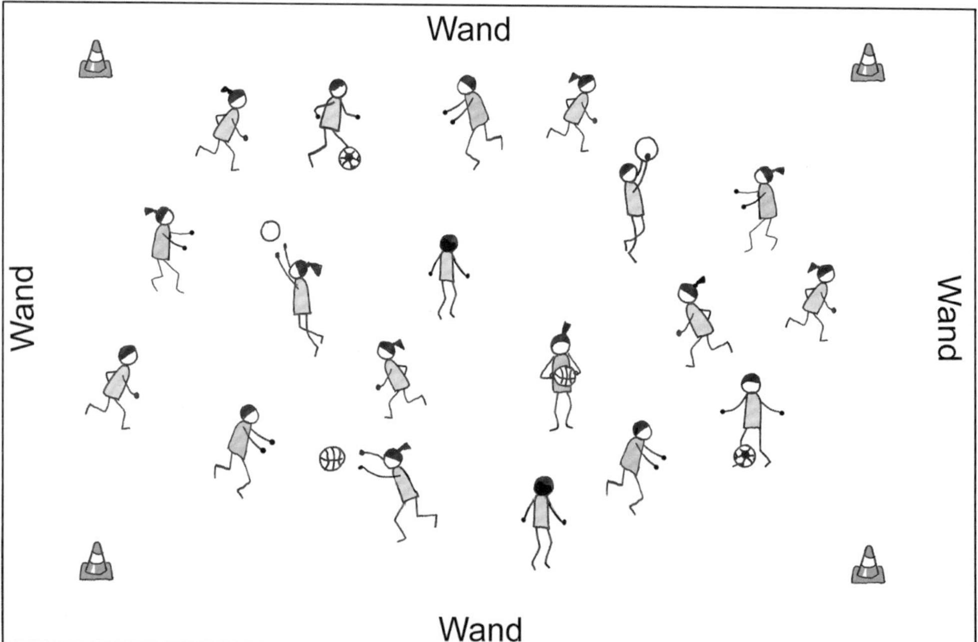

Schatzkiste

Material:
2 Turnkästen; verschiedene Bälle in 1,5-facher Anzahl der Schüler*innen; Teambänder in 2 Farben; Musik

Vorbereitung auf:
Leichtathletik: Lauf; Ballspiele; allgemeine Konditionsschulung

An den beiden Stirnseiten des Spielfeldes werden zwei offene „Schatzkisten" (= Turnkästen) aufgestellt und mit gleich vielen „Goldstücken" (= Bällen) befüllt. Es werden zwei Teams gebildet und mit Bändern der gleichen Farbe gekennzeichnet. Die beiden gegnerischen Teams laufen nun zur jeweils gegenüberstehenden Schatzkiste und klauen so viele „Goldstücke" wie möglich vom gegnerischen Team. Pro Lauf darf jedoch immer nur ein Goldstück geraubt und in die eigene Kiste gelegt werden. Bei der Entnahme eines Goldstücks und beim Lauf darf man nicht behindert werden. Welche Gruppe hat nach Schließen der Kiste (Abpfiff) den größeren Schatz, also mehr Bälle, gehortet?

Variante:
Zwei Spielende dürfen nur zusammen einen Ball holen und müssen diesen auf dem Rückweg hin und her passen.

Brückenlegen

Material:
2 Turnmatten pro Team; 1 Medizinball pro Team; 4 Pylonen zur Markierung des „Flusses“; Musik

Vorbereitung auf:
Gerätturnen; Gymnastik; Tanz; Bewegungskünste

Es werden Teams aus jeweils vier bis fünf Schüler*innen gebildet. Die Teams stehen jeweils auf einem Turnmattenpaar. Indem sie fortlaufend die hintere Matte nach vorne legen, ohne dass dabei eines der Teammitglieder die Matte verlassen muss, wird der „Fluss“ (= eine Hallenlängsbahn) überwunden. Dort liegt für jedes Team ein „Schatz“ (= Medizinball) bereit. Durch das Brückenlegen über den „Fluss“ muss dieser Schatz geborgen und sicher wieder nach Hause gebracht werden. Das Team tritt den Rückweg auf dieselbe Weise mit dem Medizinball an. Verlässt jemand die Matten, muss er*sie „schwimmen“, d. h. er*sie darf erst nach zwei gelaufenen Hallenrunden wieder zum Team stoßen. Das Team, das den Medizinball als Erstes zur Startlinie zurückgebracht hat, gewinnt.

Variante:
Die hintere Matte darf nicht an der vorderen vorbeigezogen werden, sondern muss über die Köpfe der Gruppe hinweggehoben werden.

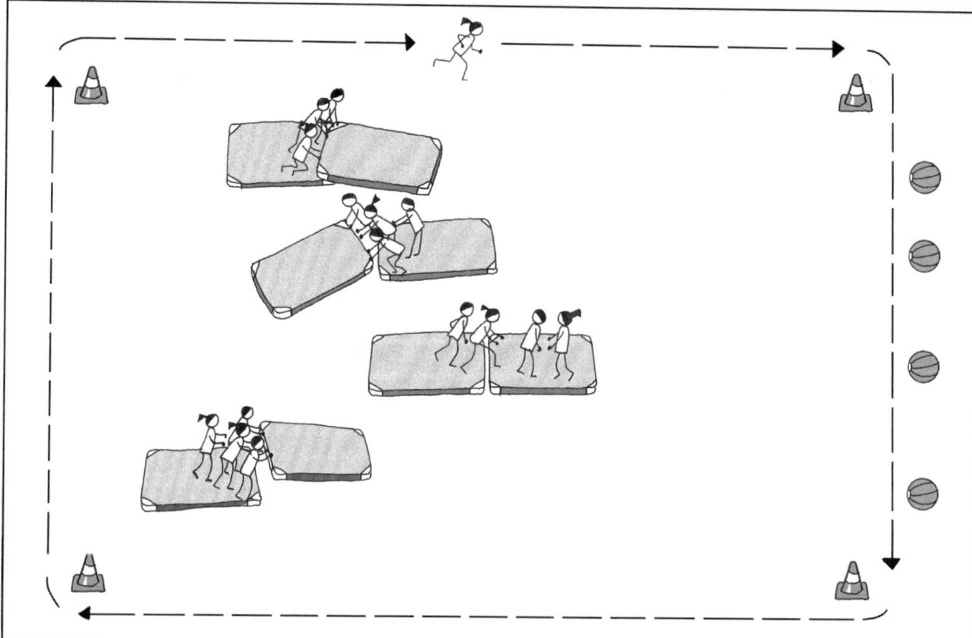

Bananenkisten-Rallye

Material:
1 Bananenkiste pro Schüler*in; Musik

Vorbereitung auf:
Gerätturnen; Bewegungskünste; Leichtathletik: Lauf, Sprung; Ballspiele

Jede*r Schüler*in erhält eine Bananenkiste (alternativ eine Pylone) und wärmt sich damit wie folgt auf:

- vorwärts, rückwärts, seitwärts, im Hopserlauf und mit Überkreuzen der Beine um die in der Halle verteilten Bananenkisten laufen;
- im Lauf die in der Halle verteilten Bananenkisten mit der linken / rechten Hand / beidhändig berühren;
- mit gegrätschten Beinen über die in der Halle verteilten Bananenkisten steigen;
- die eigene Bananenkiste kreuz und quer durch die Halle schieben / ziehen;
- die in der Halle verteilten Bananenkisten überspringen;
- durcheinanderlaufen und auf Kommando sprintet jede*r zur eigenen Bananenkiste;
- Liegestützwandern, Krabbeln, Krebsgang, Hüpfen um die eigene Bananenkiste;
- laufen und die Bananenkiste dabei über dem Kopf, vor der Brust und hinter dem Rücken tragen;
- innerhalb von 30 Sekunden so viele in der Halle verteilte Bananenkisten wie möglich mit der Fußsohle berühren;
- zu zweit gestapelte Bananenkisten tragen und dabei laufen;
- zu zweit in einer Kartonschlange laufen, d. h. an einer Kiste hängen immer zwei Personen.

Stab-Warm-up

Material:
1 Gymnastikstab pro Schüler*in; ggf. Pylonen zur Markierung von Laufwegen; Musik

Vorbereitung auf:
Gerätturnen; Leichtathletik; Bewegungskünste; allgemeine Konditionsschulung

Jede*r Schüler*in erhält einen Gymnastikstab, mit dem dann verschiedene Bewegungsaufgaben durchgeführt werden:

- Die Schüler*innen laufen auf den Linien der Halle nach Anweisungen der Lehrkraft. Der Stab symbolisiert einen Motorradlenker: Stadtverkehr; rote Ampel; Landstraße 1./2./3./4. Gang; Autobahn; scharfe Kurve; rückwärts einparken.
- Die Schüler*innen halten den Stab mit beiden Händen und steigen vorwärts/rückwärts darüber.
- Der am Boden liegende Stab wird übersprungen: beidbeinig/einbeinig seitwärts und beidbeinig/einbeinig vor und zurück.
- Die Schüler*innen laufen frei in der Halle, finden sich nach Ansage der Lehrkraft in Dreier-/Vierer-/Fünfergruppen zusammen und laufen dann mit Stabhaltung weiter.
- Die Schüler*innen führen Rumpfdrehen und Rumpfbeugen mit dem Stab vor, hinter und über dem Kopf durch.
- Die Schüler*innen balancieren im Stehen in ausreichendem Abstand zum*zur Nebenstehenden den Stab senkrecht auf einem Finger. Jeweils vier Schüler*innen nebeneinander versuchen, den Stab über eine Hallenlängsbahn auf dem Finger zu balancieren.
- Etwa zehn Schüler*innen bilden einen engen Innenstirnkreis, jede*r stützt mit einem Finger der rechten Hand einen am Boden stehenden Gymnastikstab. Auf Kommando der Lehrkraft rückt jede*r nun eine Position nach rechts oder links, lässt seinen Stab jedoch an der ursprünglichen Position stehen. Wann klappt der Wechsel, ohne dass ein Stab fällt?

Variante:
Ähnliche Übungen können mit dem Gymnastikreifen absolviert werden, der Reifen kann gezwirbelt und gerollt werden.

Ball-Quadrat

Material:
4 Pylonen pro Quadrat; verschiedene Bälle (Handbälle, Basketbälle, Fußbälle, Tennisbälle, Gymnastikbälle, Softbälle etc.)

Vorbereitung auf:
Ballspiele

Jeweils drei Schüler*innen stehen an den Ecken eines Quadrates mit einer Seitenlänge von ca. zehn Metern hinter einer Pylone. Anfangs werden von der Lehrkraft eine Passvariante mit Ball sowie der Laufweg vorgegeben.

Beispiele:
› Passe zum Gegenüber, laufe deinem Ball nach.
› Passe zum Gegenüber, laufe nach rechts (bzw. links).
› Passe diagonal, laufe diagonal.
› Passe in die eine Richtung, laufe in die andere.
› Die Übungen werden mit zwei (eventuell verschiedenen) Bällen (und verschiedenen Passarten) durchgeführt: z. B. Fußball mit der Innenseite im Uhrzeigersinn passen, Basketball gegen den Uhrzeigersinn, dabei immer diagonal laufen.

Variante:
Jedes Quadrat übt für sich eine kleine Choreografie ein und demonstriert diese.

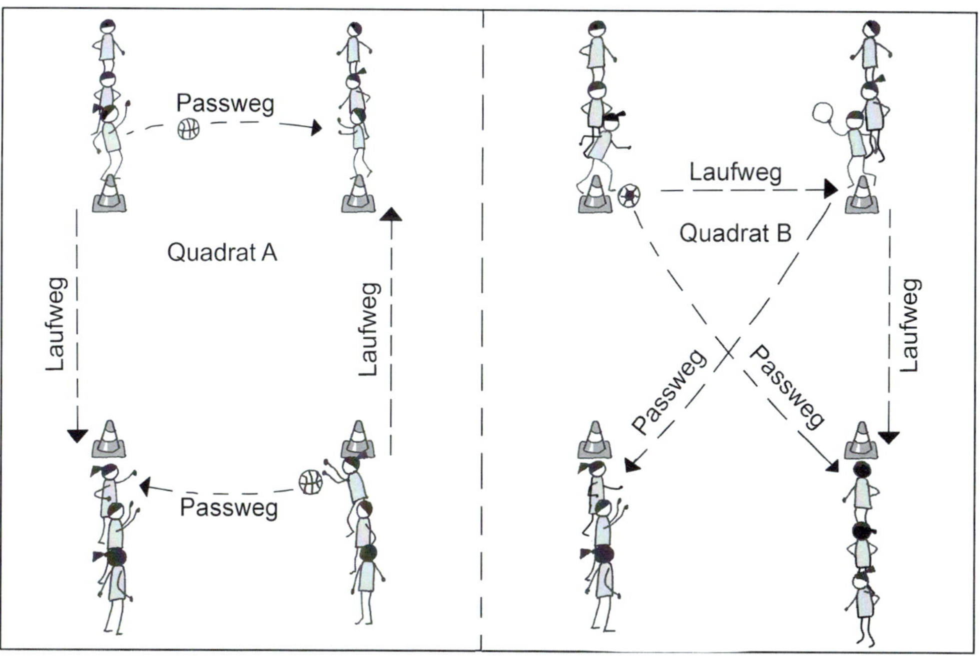

Kleine Spiele mit und ohne Ball

Als **Kleine Spiele** bezeichnet man die von einem bestimmten Spielgedanken bzw. einer Aufgabe ausgehenden spaßbetonten Handlungen, die helfen, in motivierender und unterhaltender Form die körperlichen, geistigen und sozialen Fähigkeiten zu entwickeln. Kleine Spiele tragen oft Wettkampfcharakter, haben jedoch keine „amtlichen" Wettkampfbestimmungen wie Große Sportspiele. Zu den Kleinen Spielen zählen in sich selbstständige Spielformen mit und ohne Ball oder Kleingeräten mit schnell zu erfassendem Regelwerk. In Schule und Verein können sie in allen Altersstufen zur Bewegung anregen, können hervorragend als allgemeine Aufwärmformen oder zum Stundenausklang eingesetzt werden. Durch Kleine Spiele werden taktisches Verhalten und Einsichten in die Spielfähigkeit vermittelt.

Wichtig beim Aufwärmen sind:

- Spaß am gemeinsamen Agieren;
- angemessene Bewegungsintensität;
- einfaches Regelwerk, das der Klassensituation angepasst werden kann;
- Bewegungsvielfalt und Aufgaben, die tatsächlich auch als „Spielen" empfunden werden.

Schnick-Schnack-Schnuck-Ballparade

Material:
1 Ball pro Schüler*in (Volleyball, Fußball, Basketball, Handball, Tennisball);
3 Wäscheklammern pro Schüler*in; Musik

Vorbereitung auf:
Ballspiele; Leichtathletik: Lauf, Sprung; Tanz; Bewegungskünste; Jonglage;
allgemeine Konditionsschulung

Jede*r Schüler*in erhält einen Ball sowie drei Wäscheklammern, die er*sie sich gut sichtbar ans Shirt klemmt. Beginnt die Musik, bewegen alle ihre Bälle kreuz und quer durch die Halle: Volleybälle werden hochgepritscht und im Sprung gefangen; Fußbälle werden mit Finten am Boden (!) geführt, Basketbälle werden einhändig, Handbälle beidhändig gedribbelt, Tennisbälle werden an die Wand geworfen und gefangen. Stoppt die Musik, treffen sich zwei Schüler*innen mit unterschiedlichen Bällen und tragen ein Schere-Stein-Papier-Duell aus (Schere schlägt Papier, Papier schlägt Stein, Stein schlägt Schere; bei gleichem Symbol wird wiederholt). Wer gewinnt, erhält eine Wäscheklammer des Gegners und die Bälle werden getauscht. Wer keine Wäscheklammer mehr hat,
ist weiterhin spielberechtigt. Jede*r versucht, jede Ballart wenigstens einmal gespielt zu haben. Wer nach Ende der Spielzeit die meisten Wäscheklammern besitzt, hat gewonnen.

Variante:
Die Duelle können auch im Sitzen oder in Bauchlage nach drei Doppelpässen oder nach drei Liegestützen ausgeführt werden.

An Rosmarie den Tennisball …

Material:
1 Tennisball; 1 Kegel; 1 Reifen (oder andere Gegenstände)

Vorbereitung auf:
Leichtathletik: Lauf; allgemeine Konditionsschulung; Ballspiele

Teil 1:
Die Klasse steht in einem Innenstirnkreis. Die Spielerklärung und -durchführung erfordert die ganze Aufmerksamkeit der Gruppe. Die Lehrkraft zeigt nacheinander drei Gegenstände (z. B. Tennisball / Kegel / Reifen):

- In der ersten Kreisformation merkt sich jede*r Schüler*in den*die rechte*n Nachbar*in. Diesem*dieser muss er später Gegenstand 1 übergeben (hier: Tennisball).
- Nun wird ein neuer Kreis gebildet. Man merkt sich wieder den*die rechte*n Nachbar*in. Ihm*ihr muss man später Gegenstand 2 übergeben (hier: Kegel).
- Ein dritter Kreis wird erstellt. Wieder merkt man sich den*die rechte*n Nachbar*in. Ihm*ihr muss man später Gegenstand 3 übergeben (hier: Reifen).

Schüler Kevin merkt sich also beispielsweise: „An Rosmarie den Tennisball, an Lisa den Kegel, an Marie den Reifen."

Im Kreis sollten alle Varianten nochmals wiederholt werden, indem die Schüler*innen auf die entsprechenden Empfänger*innen deuten.

Teil 2:
Jetzt wird das Laufspiel gestartet. Alle laufen durch die Halle und übergeben sich den Tennisball, den Kegel und den Reifen nach ihrer individuellen Merkregel. Weitere ein bis zwei Tennisbälle, Kegel und Reifen werden zur Intensivierung ins Spiel gebracht.

Variante:
Tennisbälle werden normal laufend übergeben, Kegel im Hopserlauf und Reifen werden gerollt überbracht.

Turnende contra Spielende

Material:
10 Turnmatten; 3 Langbänke; 2 Turnkästen; 2 Pylonen zur Markierung der Wendepunkte; 2 Pylonen zur Markierung der Abwurflinie; 2 Basketbälle

Vorbereitung auf:
Gerätturnen; Ballspiele; Bewegungskünste

Die Klasse wird in zwei Teams unterteilt: Turnende und Spielende. Die Turnenden absolvieren einen Rundparcours (siehe Abbildung) vom Start bis zum Wendepunkt und zurück. Erst wenn der*die letzte Turnende am Wendepunkt angekommen ist, startet der*die erste Turnende den Rückweg. Währenddessen versuchen die Spielenden, möglichst viele Basketballkörbe zu erzielen. Nachdem die Rollen getauscht wurden, gewinnt das Team, das mehr Körbe geworfen hat.

Varianten:
Anstelle des Werfens auf den Basketballkorb wird
- mit dem Handball an die Querlatte des Tores geworfen;
- mit Sandsäckchen in eine Bananenkiste geworfen;
- mit dem Fußball ein Kegel umgeschossen.

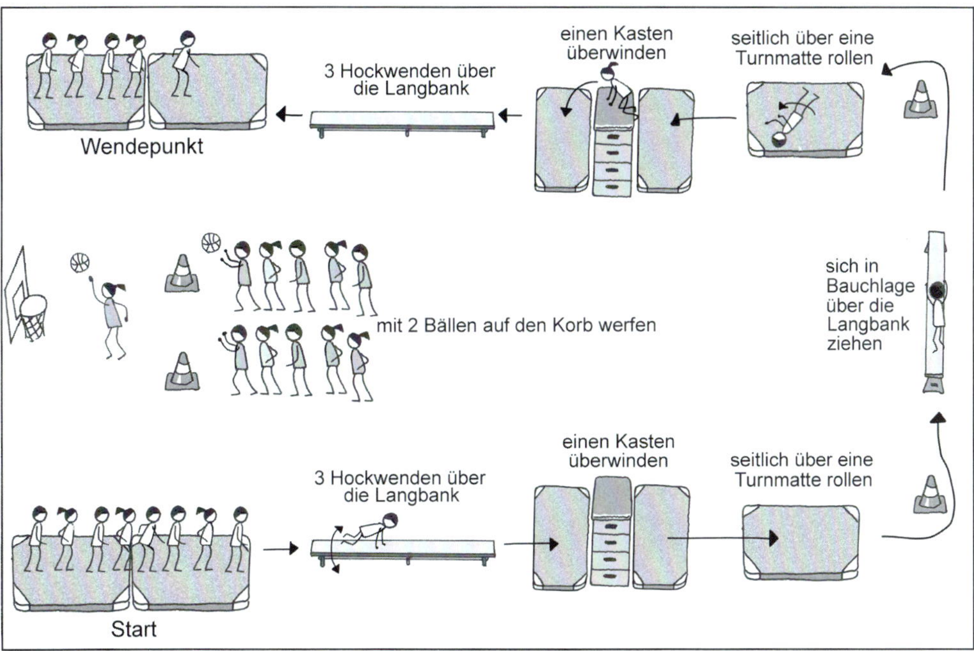

Wanderring

Material:
7 Pylonen und 4 weitere Pylonen zur Markierung der Strafrunden; 1 Gummiring; 2 Langbänke; 2 Basketbälle; 2 Basketballkörbe; Pylonen zur Markierung der Strafrunden

Vorbereitung auf:
Ballspiele; Leichtathletik: Lauf; allgemeine Konditionsschulung

Zwei Teams spielen auf zwei gegenüberliegenden Korbanlagen im Fernduell gegeneinander. Zwischen den beiden Teams werden in einer Reihe ca. sieben Pylonen aufgestellt. Ein Gummiring befindet sich auf dem Mittelhütchen. Bei jedem Treffer darf der Gummiring um eine Position zum eigenen Korb verlegt werden.

Wer von der Langbank aus einen Korb erzielt, läuft zum Gummiring und setzt diesen auf die nächste Pylone. Schafft es ein Team, den Ring bis zum Zielhütchen zu bringen, gewinnt es den Durchgang.

Zur Intensivierung des Spiels gelten folgende Regeln:
- Werden beim Wurf weder Ring noch Brett getroffen, muss eine große Strafrunde gelaufen werden.
- Wird kein Korb erzielt, muss eine halbe Strafrunde gelaufen werden.

Variante:
Statt Körbe zu werfen kann man auch Hütchen auf Turnkästen werfen, mit einem Tennisball in Bananenkisten treffen, Kegel umschießen usw.

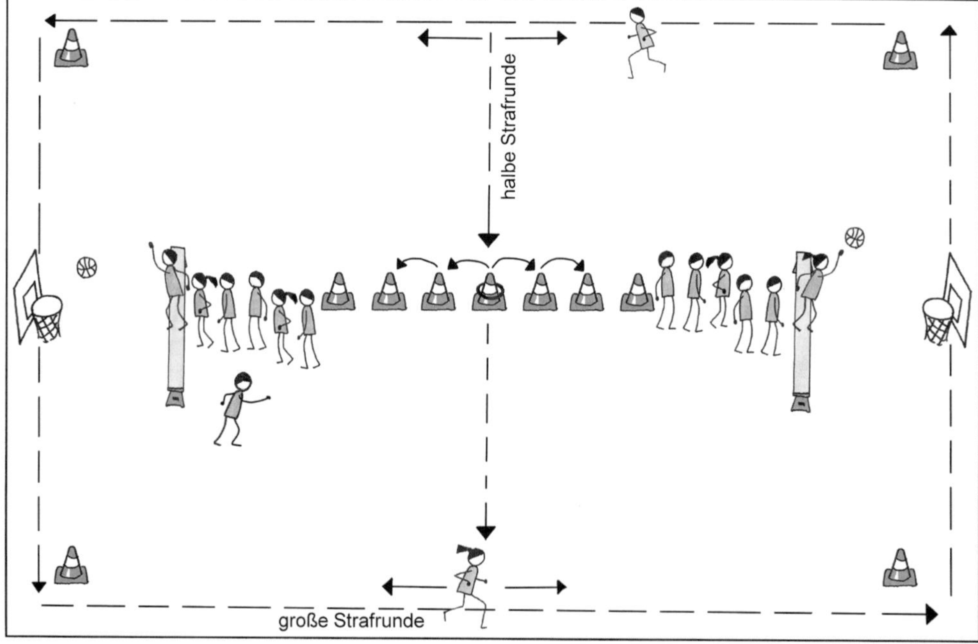

Mobiles Tor

Material:
für die Hälfte der Klasse 1 Gymnastikreifen pro 2 Schüler*innen; für die andere Hälfte 1 Ball pro 2 Schüler*innen; Musik

Vorbereitung auf:
Ballspiele; Leichtathletik: Lauf, Wurf; allgemeine Konditionsschulung; Gymnastik; Tanz

Jede*r Schüler*in sucht sich eine*n Partner*in. Die Hälfte der Klasse bildet die Passspieler*innen, wobei immer ein Pärchen einen Ball besitzt. Beim Rest der Klasse tragen immer zwei Schüler*innen einen Gymnastikreifen als Tor zwischen sich. Während sich nun die Tore langsam in der Halle bewegen und die Reifen in unterschiedlichen Höhen als Ziel angeboten werden, versuchen die Passspieler*innen, sich den Ball so oft wie möglich durch diese Reifen hindurch zuzuspielen. Dazwischen darf gedribbelt und über den Boden gepasst werden. Regelmäßig werden die Rollen zwischen den Gruppen getauscht.

Variante:
Zwei Schüler*innen halten einen Gymnastikstab, die Ballführenden passen sich den Ball in Fußballmanier durch dieses Tor zu.

Farben sammeln

Material:
4 Langbänke; Kartenspiel; Musik

Vorbereitung auf:
Leichtathletik: Lauf; Ballspiele; allgemeine Konditionsschulung

Es werden vier Teams gebildet, die sich hinter jeweils einer Langbank in den Hallenecken zusammenfinden. Jedem Team wird eine Spielkartenfarbe zugeteilt. Im Mittelkreis liegen verdeckt alle Karten aus. Bei Musikbeginn läuft das jeweils erste Teammitglied zum Mittelkreis und darf eine Karte aufdecken. Ist es die Teamfarbe, darf die Karte mitgenommen und auf die Langbank gelegt werden. Handelt es sich um eine andere Farbe, wird die Karte wieder umgedreht und verbleibt im Mittelkreis. Nach und nach wird abgeklatscht und ein Teammitglied nach dem anderen macht sich auf die Suche. Welches Team hat zuerst die Sammlung vervollständigt?

Variante:
Die Gruppen starten von der Stirnseite der Halle zur gegenüberliegenden Seite, wo die Spielkarten liegen. Auf dem Weg dorthin müssen kleine Hindernisse überwunden werden.

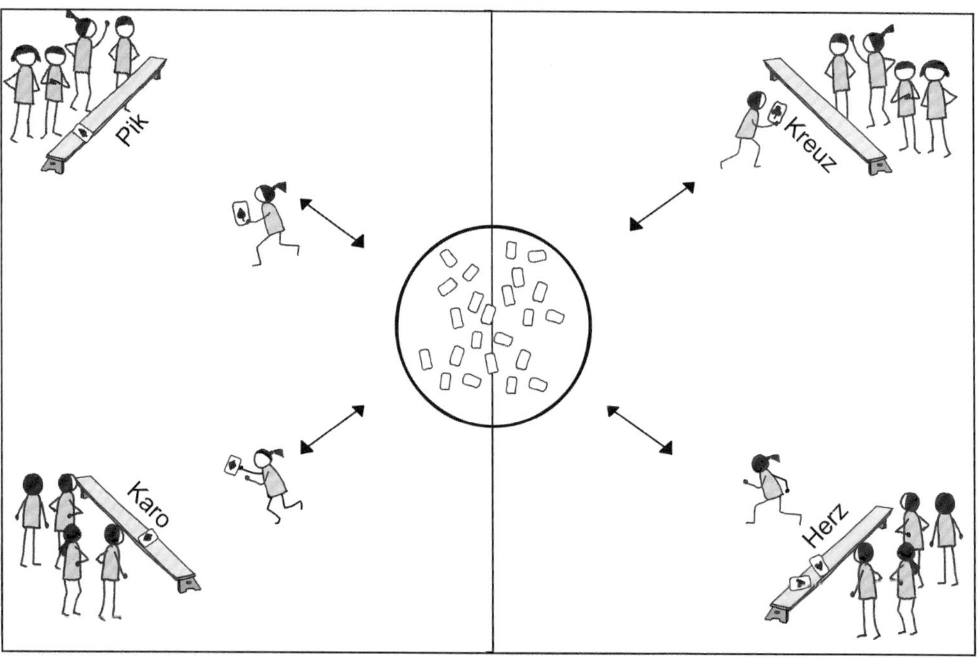

Wer hat dieselbe Sockenfarbe?

Material:
Musik

Vorbereitung auf:
Leichtathletik: Lauf, Sprung; Ballspiele; Gerätturnen

Die Schüler*innen laufen zu Musik kreuz und quer durch die Halle, wobei sie

- vorwärts-/rückwärtslaufen und die Arme kreisen;
- sich im Hopserlauf bewegen und die Arme mitnehmen;
- seitwärts springen und über dem Kopf klatschen;
- krabbeln oder sich im Vierfüßlergang bewegen;
- beim Laufen anfersen oder die Knie zur Brust ziehen.

Am Ende jeder Fortbewegungsart ruft die Lehrkraft einen Oberbegriff (Hinweise siehe unten). So schnell wie möglich sollen sich nun die betreffenden Schüler*innen finden und mit Handfassung normal weiterlaufen, bis die Lehrkraft eine neue Fortbewegungsart ansagt und die Schüler*innen sich wieder voneinander lösen usw.

Die Oberbegriffe, nach denen sich die Schüler*innen zusammenfinden, können sein: Sternzeichen/Anzahl der Geschwister/Traumautomarke/Lieblingsfach/Farbe der Socken/Lieblingsverein etc.

Natürlich dürfen die Schüler*innen laut rufen, um die entsprechenden Partner*innen zu finden.

Variante:
Ein beliebtes Kleines Spiel ist das Atomspiel: Hier finden sich die Schüler*innen bei Musikstopp möglichst schnell in Zweier-, Dreier-, Vierer-, Fünfer- oder Sechser-Atomverbindungen zusammen und fassen sich an den Händen.

Ausräumen

Material:
4 Langbänke; ca. 1 Ball pro Schüler*in; Musik

Vorbereitung auf:
Ballspiele; allgemeine Konditionsschulung

In der Mitte des Spielfeldes wird ein Viereck aus Langbänken aufgebaut. Im Viereck befinden sich fünf Schüler*innen. Zu Beginn des Spiels liegt die Hälfte der Bälle im Viereck, die andere ist in Besitz der Schüler*innen im Außenbereich. Die Schüler*innen im Viereck müssen versuchen, alle in ihrem Bereich liegenden Bälle zu „entsorgen" und wegzuwerfen. Im Gegenzug versucht der Rest der Klasse, so viele Bälle wie möglich in dieser Zone zu platzieren. Schaffen es die Schüler*innen im Viereck, „ballfrei" zu werden, werden sie durch ein anderes Team ersetzt. Dies erfolgt ebenso bei Ermüdung der Entsorger*innen.

Variante:
Beim Spiel „Halte dein Feld sauber" wird das Spielfeld durch Langbänke in zwei Spielfeldhälften unterteilt. Zwei Teams versuchen, so viele Bälle wie möglich ins gegnerische Feld zu werfen. Das Team, das beim Schlusspfiff weniger Bälle im Feld hat, gewinnt.

Pylonenduell

Material:
Teambänder in 2 Farben; mindestens 1 Pylone pro Schüler*in; 1 Ball pro Schüler*in (Basketball, Handball, Fußball)

Vorbereitung auf:
Ballspiele; allgemeine Konditionsschulung

Die Klasse wird in zwei Teams unterteilt und mit Bändern der gleichen Farbe gekennzeichnet. In der Halle werden Pylonen (mindestens in der Anzahl der Schüler*innen) verteilt. Die Hälfte der Pylonen steht, die andere Hälfte liegt auf dem Boden. Jede*r Schüler*in ist in Besitz eines Balles, wobei Basketbälle und Handbälle geprellt, Fußbälle gedribbelt werden. Auf Kommando bewegen sich die Schüler*innen mit ihren Bällen durch die Halle. Team 1 stellt alle liegenden Pylonen auf, Team 2 legt alle stehenden Pylonen um. Welches Team hat beim Schlusspfiff die Nase vorn?

Tipp: Drei Durchgänge spielen; bei jedem Durchgang sollten die Schüler*innen eine andere Art von Ball spielen.

Variante:
Anstelle von Pylonen können Bierdeckel oder Spielkarten verdeckt oder aufgedeckt werden; den Wettbewerb kann man zudem auch ohne Ball durchführen.

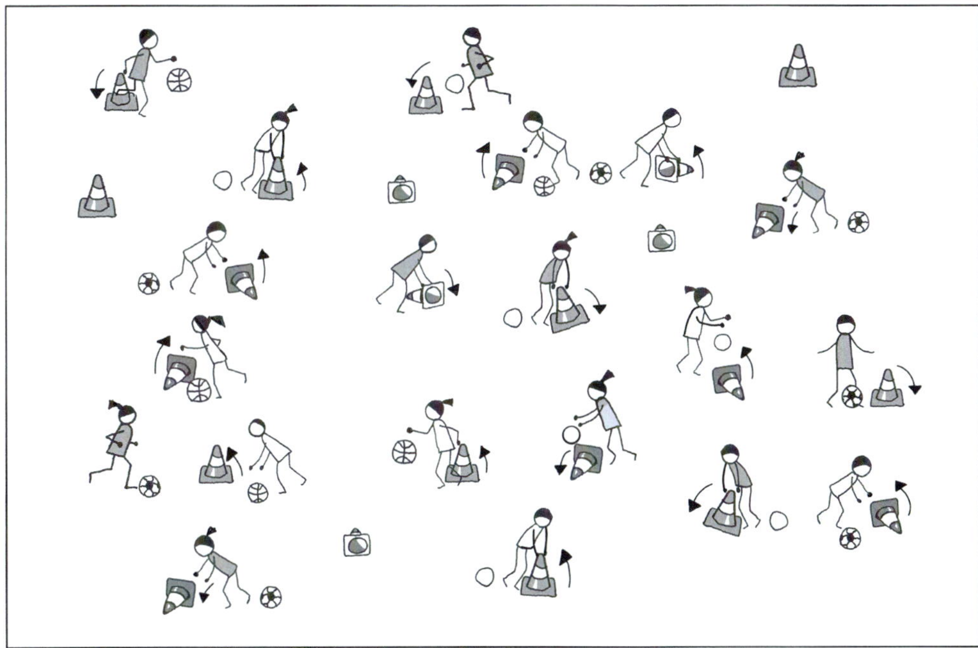

„Nimm du schnell!“

Material:
1 Ball oder 1 Gerät pro Schüler*in (Tennisball, Igelball, Gymnastikball, Keule, Gummiring); Musik

Vorbereitung auf:
Leichtathletik: Lauf; Ballspiele; Gerätturnen; allgemeine Konditionsschulung; Bewegungskünste

Verschiedene Bälle und Geräte (= „Viren") werden an die Schüler*innen verteilt. Die Aufgabe besteht darin, diese im Lauf an andere Schüler*innen mit den Worten „Nimm du schnell!“ zu übergeben (nicht zuwerfen!). Man darf den Empfang nicht verweigern, außer man ist bereits in Besitz eines Gegenstandes. In unregelmäßigen Abständen stoppt die Lehrkraft die Musik und damit den Dauerlauf. Wer zu diesem Zeitpunkt ein „Virus“ in der Hand hält, erledigt eine gymnastische Zusatzaufgabe.

Variante:
Den einzelnen Bällen und Geräten können zusätzlich unterschiedliche Fortbewegungsarten zugeordnet werden, z. B. Hopserlauf bei Besitz eines Tennisballs.

Würfel-Handball

Material:
Teambänder in 2 Farben; 8 Turnmatten; 1 großer Schaumstoffwürfel; Notizzettel zum Addieren der Augenzahl; Stift

Vorbereitung auf:
Ballspiele; Leichtathletik; allgemeine Konditionsschulung

Es werden zwei Teams gebildet und mit Teambändern gekennzeichnet. An den Grundlinien des Volleyballfeldes werden aus jeweils vier Turnmatten zwei Zielzonen gelegt. Durch geschicktes Zupassen des großen Schaumstoffwürfels versucht jedes Team, sich in die Nähe der gegnerischen Zielzone zu spielen. Befindet sich das angreifende Team in einer günstigen Position, wirft es den Würfel auf die Zielzone. Nur wenn der Würfel auf den Matten liegen bleibt, zählt die Augenzahl zum Gesamtscore. Dabei ist jeglicher Körperkontakt beim Verteidigen verboten. Fällt der Würfel zu Boden oder wird vom gegnerischen Team abgefangen bzw. zu Boden geschlagen, wechselt das Angriffsrecht. Mit dem Würfel darf nicht gelaufen werden, die Matten dürfen nicht betreten werden.
Die erzielten Würfelaugen werden addiert. Nach Ablauf einer vorher festgelegten Zeit gewinnt das Team mit der höheren Punktzahl.

Variante:
Es müssen keine kompletten Pässe gespielt werden.
Das Team, das sich als Erstes den auf dem Boden liegenden Würfel sichert, erhält das Angriffsrecht. Auch hier darf mit dem Würfel in der Hand nicht gelaufen werden.

Ordnungslauf

Material:
1 Langbank pro ca. 6 Schüler*innen; Musik; 4 Pylonen

Vorbereitung auf:
Bewegungskünste; Leichtathletik: Lauf, Sprung; Ballspiele; Gymnastik; Tanz

Teil 1: Die Schüler*innen stellen sich in Linie auf nebeneinanderstehende Langbänke in der Hallenmitte. Dann ordnen sie sich alphabetisch nach dem Anfangsbuchstaben ihrer Vornamen, ohne die Bank zu verlassen. Muss man beim Vorbeischlängeln absteigen, muss man zuerst eine Strafrunde laufen, bevor man neben seinem*seiner vorherigen Nachbar*in wieder auf die Bank steigen darf.

Teil 2: Nun begeben sich die Schüler*innen zu Musik auf die durch Pylonen markierte Hallenrunde (siehe Abbildung). Durch Verlangsamung der Laufgeschwindigkeit oder Tempoerhöhung versucht die Gruppe, sich jetzt alphabetisch nach den Familiennamen zu ordnen. Die Schüler*innen überholen oder lassen sich zurückfallen, um die richtige Reihenfolge herzustellen. Nach vier Runden kontrolliert die Lehrkraft die Reihenfolge.

Teil 3: Nun ordnen sich die Schüler*innen in entgegengesetzter Laufrichtung nach ihren Geburtsdaten (Tag und Monat), indem sie überholen oder sich zurückfallen lassen. Auch hier haben die Schüler*innen wieder vier Runden Zeit.

Variante:
Die Lehrkraft gibt für verschiedene Runden zusätzlich unterschiedliche Fortbewegungsarten vor, z. B. Hopserlauf, seitwärts springen usw.

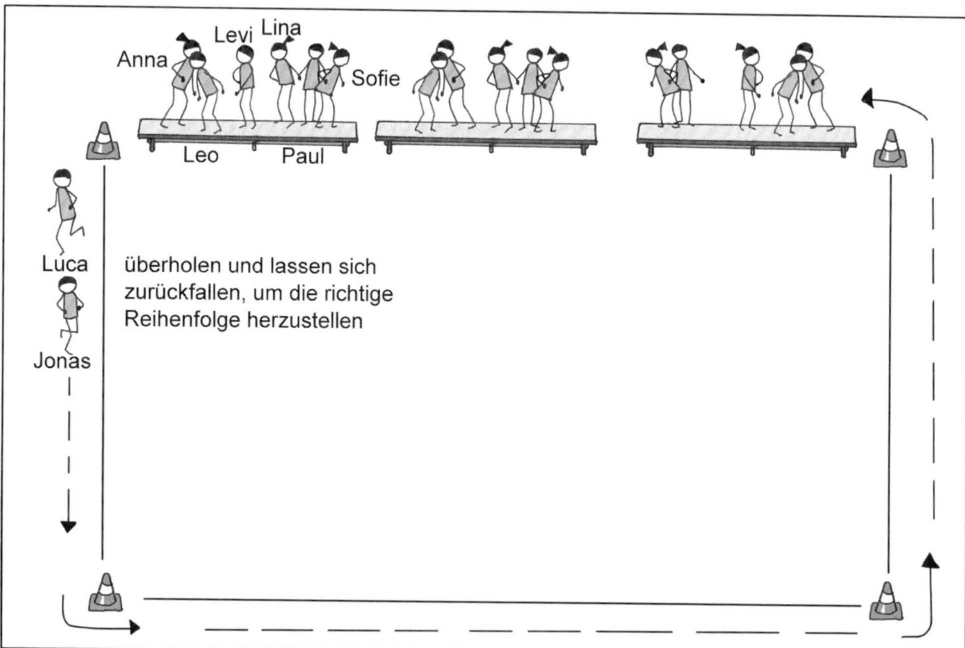

Schießbude

Material:
2 Turnkästen; 10 Pylonen; 2 Langbänke; 6 Gymnastikbälle; 4 Pylonen zur Markierung der Laufrunde

Vorbereitung auf:
Leichtathletik: Wurf, Lauf; Ballspiele; allgemeine Konditionsschulung

Die Halle wird der Länge nach in zwei Spielfeldhälften geteilt. Pro Spielfeldhälfte wird mit je einem Turnkasten sowie fünf Pylonen eine „Schießbude" aufgestellt. Die Abwurflinie wird mit je einer Langbank markiert. Pro Team werden drei Gymnastikbälle an die Abwurflinie gelegt.
Zwei Teams spielen nun gegeneinander. Jeweils ein*e Werfer*in aus Team A und B versucht, mit den drei Gymnastikbällen so viele Pylonen wie möglich abzuräumen. Durch die Anzahl ihrer Treffer bestimmen die Werfenden die Anzahl der vom gegnerischen Team zu laufenden Runden.
Nach jedem Durchgang bestimmt das Team eine*n neue*n Werfer*in.

Variante:
Jedes Team ist selbst für die Anzahl seiner Laufrunden verantwortlich, indem die Anzahl der nicht getroffenen Hütchen vom Team gelaufen wird.

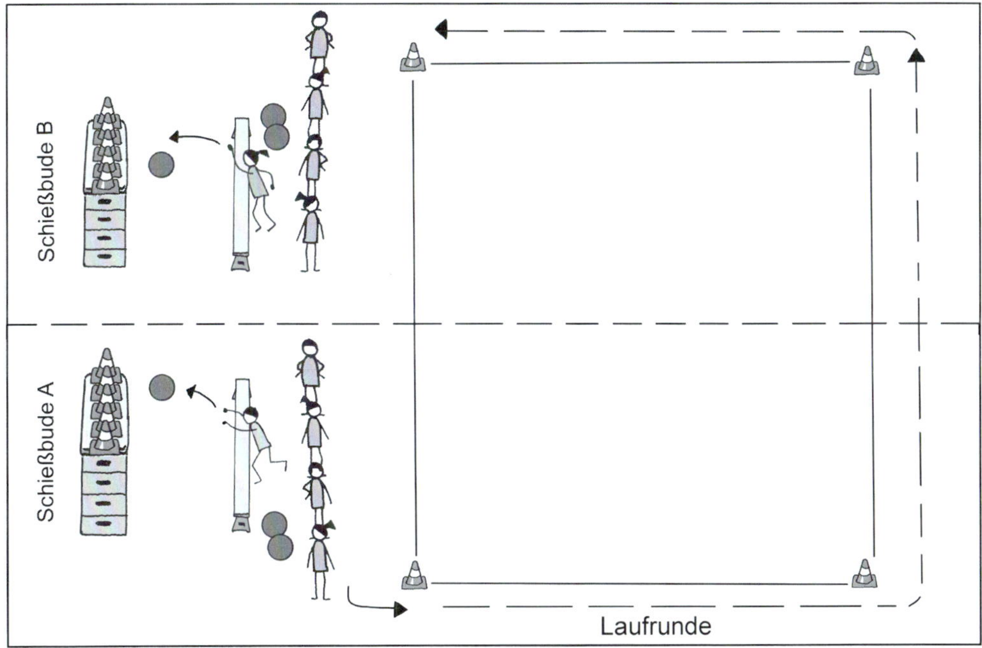

Rush-Hour

Material:
mindestens 1 Ball pro Schüler*in (Fußball, Handball, Basketball); 4 Pylonen zur Markierung des Felds; Musik

Vorbereitung auf:
Ballspiele

Im Volleyballfeld werden Fußbälle, Handbälle und Basketbälle zu etwa gleichen Teilen an die Schüler*innen verteilt. Fußbälle werden am Boden geführt, Handbälle einhändig, Basketbälle links und rechts abwechselnd gedribbelt. In diesem Gewirr aus Schüler*innen und Bällen müssen unterschiedliche Aufgaben erledigt werden, ohne die Kontrolle über den Ball zu verlieren oder das Feld zu verlassen:

- Ballkontrolle in lockerem Lauf, ohne eine*n Mitübende*n zu behindern.
- Eine entgegenkommende Person muss man nach einer Körpertäuschung links (später rechts) passieren.
- Auf Pfiff legt man den Ball ab und nimmt einen anderen auf.
- Auf Doppelpfiff müssen gymnastische Zusatzübungen, welche die Lehrkraft ansagt, erledigt werden.
- Bei mehrmaligem Klatschen der Lehrkraft wird das Tempo kurzzeitig gesteigert.
- Verlässt ein Ball das Spielfeld, darf der*die entsprechende Schüler*in erst nach einer Laufrunde um das Spielfeld wieder eintreten.

Variante:
Zwischen zwei Signalen herrscht „Jagdsaison", d. h. für einige Sekunden darf der Ball einer anderen Person aus dem Feld befördert werden.

Medizinball-Treiben

Material:
3 Medizinbälle; 4 Langbänke; mindestens 1 Ball pro Schüler*in (Gymnastikball, Handball, Volleyball)

Vorbereitung auf:
Ballspiele; allgemeine Konditionsschulung; Leichtathletik

Auf der Mittellinie des Volleyballfeldes werden drei Medizinbälle abgelegt. Im Abstand von jeweils fünf Metern zur Mittellinie stehen sich die beiden gegnerischen Teams hinter jeweils zwei Langbänken gegenüber. Nun versuchen die Schüler*innen, mit Gymnastik-, Hand- und Volleybällen die Medizinbälle zu treffen und sie so in Richtung des gegnerischen Teams zu treiben. Gelingt es einem Team, zwei der drei Medizinbälle über die Angriffslinie des Volleyballfeldes zu befördern, gilt der Durchgang als gewonnen. Die Wurfbälle dürfen in der eigenen Hälfte beliebig oft eingesammelt werden.

Varianten:

- Die Wurfabstände zum Medizinball sowie die Rollstrecke des Medizinballes können dem Niveau der Werfenden angepasst werden.
- Zudem können Bälle mit verschiedener Wertigkeit auf die Mittellinie gesetzt werden: z. B. Medizinball = drei Punkte; Tennisball = zwei Punkte; Fußball = ein Punkt.

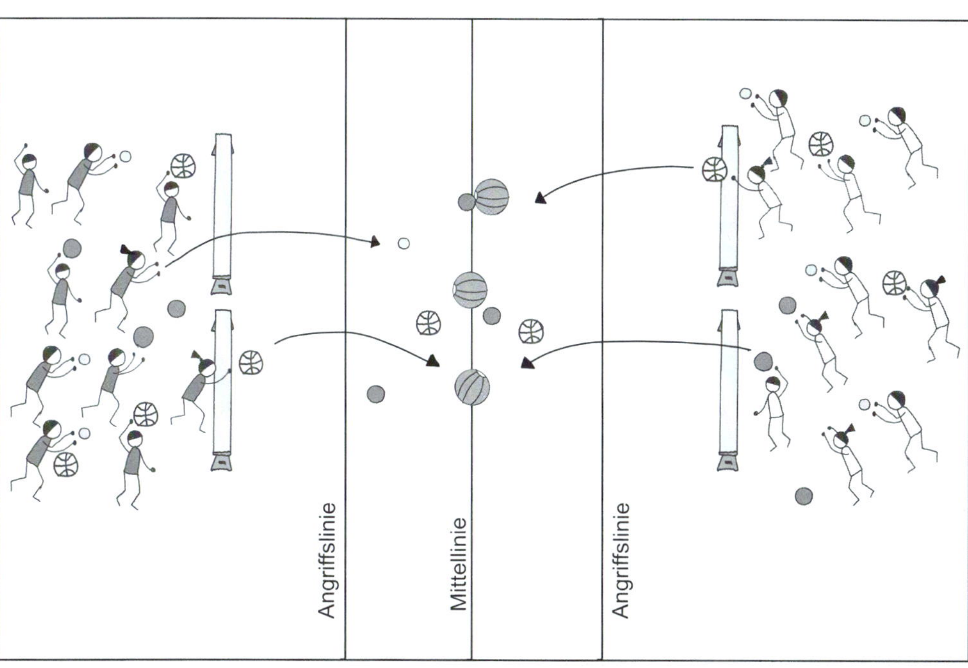

Kegelwächter

Material:
10 Kegel; 6 Gymnastikbälle; 1 Markierungsteller pro Schüler*in

Vorbereitung auf:
Ballspiele; Leichtathletik; allgemeine Konditionsschulung

In die Mitte jeder Spielfeldhälfte des Volleyballfeldes werden fünf Kegel platziert. Die Klasse wird in Team A und Team B eingeteilt.
Die fünf Kegel werden von jeweils zwei Spielenden von Team A bzw. in der anderen Spielfeldhälfte von Team B verteidigt. Die Angreifenden aus dem jeweils anderen Team stellen sich in einem Kreis um die Kegel auf; ihre Positionen sind mit Markierungstellern gekennzeichnet. Nun versuchen die Angreifenden, die Kegel mit drei Gymnastikbällen, die auch gepasst werden dürfen, umzuwerfen. Wird ein*e Verteidiger*in am Kopf getroffen, gilt das Spiel für die Angreifenden als verloren. Ansonsten erhält das Team einen Punkt, dem es zuerst gelingt, alle Kegel umzuwerfen. Nach jedem Durchgang werden die Verteidigenden ausgetauscht.

Variante:
Die Verteidigenden dürfen keine Arme / Hände oder keine Beine / Füße zur Abwehr verwenden.

Tic-Tac-Toe

Material:
27 Gymnastikreifen / Fahrradreifen; 18 Teambänder in 2 Farben; 6 Pylonen; Musik

Vorbereitung auf:
Leichtathletik: Lauf; Ballspiele; allgemeine Konditionsschulung

Es werden drei Stationen aufgebaut (siehe Abbildung). Pro Station stellen sich zwei Teams A und B hinter der Startlinie mit Blickrichtung auf die Reifen auf. Jedes Team besteht jeweils aus maximal vier Schüler*innen. Jedes Team verfügt über drei Teambänder, die erst abwechselnd in die neun Reifen gelegt und später innerhalb der Reifen versetzt werden.
Nun läuft abwechselnd je ein Teammitglied A und B. Die ersten drei Laufenden jedes Teams legen ihr Teamband so, dass idealerweise drei Teambänder horizontal, vertikal oder diagonal platziert sind. Das gegnerische Team versucht, dies durch überlegtes Gegenlegen zu verhindern bzw. selbst eine zusammenhängende Dreierreihe zu schaffen. Sind alle sechs Bänder platziert, ohne dass ein Sieger ermittelt ist, läuft wieder abwechselnd ein Teammitglied aus Team A bzw. B zu den Reifen und versucht, durch Versetzen eines Bandes drei Bänder in eine Reihe zu bekommen.
Die Sieger*innen steigen jeweils nach zwei gewonnenen Durchgängen auf (oder bleiben in der Champions-League), die Verlierer*innen steigen ab (oder bleiben in der Kreisklasse). Wer ist nach zehn Minuten das Siegerteam?

Variante:
Die zu laufende Strecke wird verändert oder mit Hindernissen versehen.

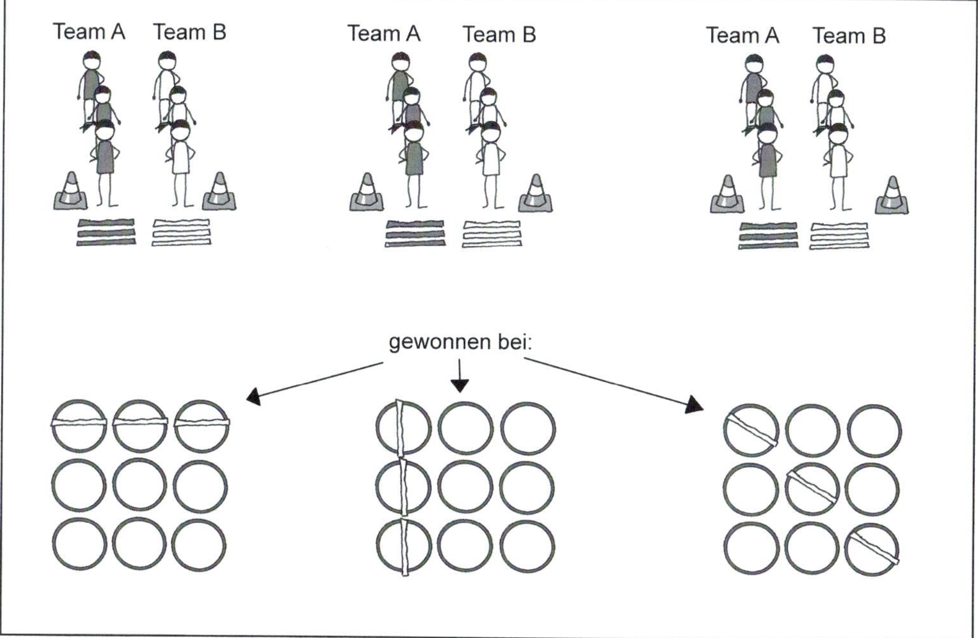

„Ring"-Kampf

Material:
1 Gymnastikreifen / Fahrradreifen pro 2 Schüler*innen

Vorbereitung auf:
Gerätturnen; Zirkeltraining; allgemeine Konditionsschulung

Die Reifen werden als großer Kreis ausgelegt. Jeweils zwei Schüler*innen stehen sich an einem Reifen gegenüber, sodass ein Innen- und ein Außenkreis entstehen. Die beiden Kontrahent*innen fassen sich an den Händen und versuchen, den*die andere*n in den Reifen (oder darüber) zu ziehen. Auf die Unfallgefahr bei absichtlichem Loslassen der Hände muss hingewiesen werden. Wer das Duell gewinnt, macht zwei Liegestütze, wer es verliert, macht vier Liegestütze. Die Schüler*innen des Innenkreises bleiben zum nächsten Duell stehen, die des Außenkreises rücken eine Position im Uhrzeigersinn weiter.

Variante:
Wer das Duell verliert, muss erst einmal um den Kreis laufen, bevor er auf dem Außenkreis eine Position im Uhrzeigersinn weiterrückt.

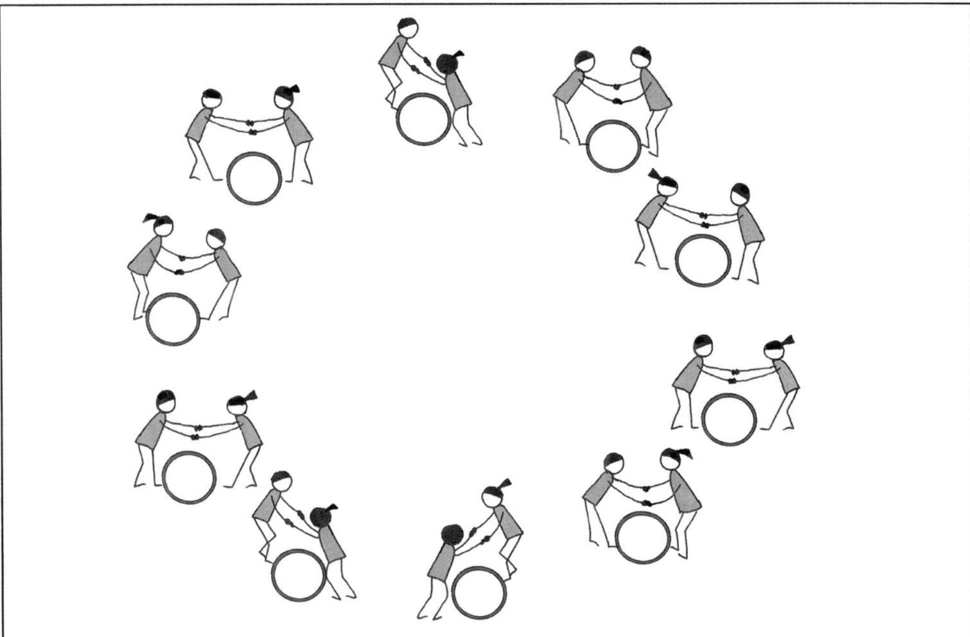

Zielschießen

Material:
4 Langbänke; 2 Gymnastikreifen; 1 Fußball pro Schüler*in; 8 Pylonen zur Markierung der Laufstrecken

Vorbereitung auf:
Ballspiele (speziell Fußball); Leichtathletik: Lauf; Gerätturnen; allgemeine Konditionsschulung

Jeweils zwei Langbänke werden wie abgebildet in je einer Spielfeldhälfte platziert. Die Klasse wird in Team A und Team B eingeteilt. Jedes Team wählt eine*n Zielspieler*in aus, der*die sich auf eine Langbank stellt und einen Gymnastikreifen hält. Die restlichen Teammitglieder stellen sich hinter der zweiten Langbank auf. Nun versuchen alle nacheinander, ihren Fußball aus der Hand durch den Reifen des*der Zielspielenden zu kicken, wobei diese*r aktiv auf der Langbank agiert, sie aber nicht verlassen darf. Erfolgreiche Versuche werden addiert. Nach jedem Schuss sichert sich jeder Schütze seinen Ball, läuft / dribbelt Laufstrecke A bzw. B und stellt sich wieder hinten an. Die Zielspielenden werden nach einem Durchgang ersetzt.

Variante:
Die Runden werden als Lauf-Abc absolviert oder mit Zusatzübungen versehen.

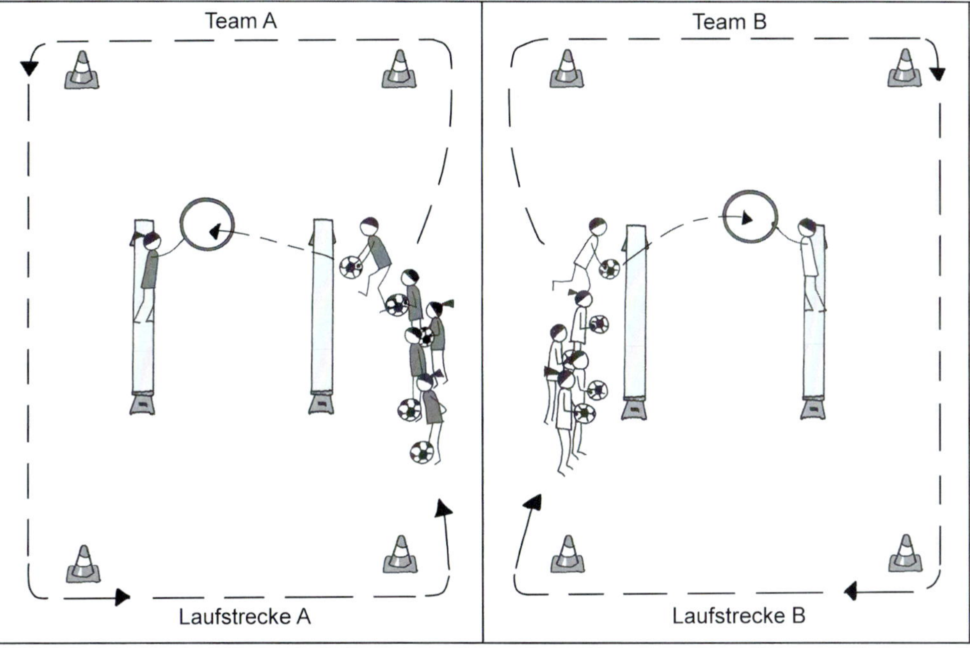

Fünfer-Turmball

Material:
Teambänder in 2 Farben; 2 Turnkästen; 1 Volleyball

Vorbereitung auf:
Ballspiele; Leichtathletik; allgemeine Konditionsschulung

Die Klasse wird in zwei Teams geteilt und mit Teambändern markiert. In den beiden Zonen des Basketballfeldes steht jeweils ein Turnkasten. Als Spielfeld steht die gesamte Hallenfläche zur Verfügung. Für jedes Team postiert sich eine Person als Fänger*in auf einem der Kästen.
Nun versucht jedes Team, sich den Ball so zuzupassen, dass mit dem fünften Pass der*die Fänger*in auf dem Kasten angespielt werden kann und somit ein Punkt erzielt wird. Kann der*die Fänger*in den Ball nicht sichern oder wird einer der Pässe vom gegnerischen Team abgefangen, wechselt der Ballbesitz. Bei fangsicheren Sportgruppen geht der Ball auch zum gegnerischen Team über, wenn einer der Pässe Nr. 1 bis 4 den Boden berührt.

Variante:
Die Anzahl der Pässe ist nicht beschränkt, das finale Zuspiel zum*zur Fänger*in muss bei leistungsstarken Gruppen aber als Bodenpass gespielt werden.

Bingo-Jogging

Material:
6 Pylonen; 6 Gymnastikreifen; 6 Stifte; 6 Bingo-Vorlagen (4er- oder 5er-Bingo); 6 Würfel; 6 Sprungseile; Musik

Vorbereitung auf:
Leichtathletik: Lauf; Ballspiele; allgemeine Konditionsschulung

An den markanten Punkten des Volleyballfeldes, die mit sechs Pylonen gekennzeichnet sind, liegt jeweils ein Gymnastikreifen. Darin befindet sich je ein Stift, eine Bingo-Vorlage für Vierer- oder Fünferbingo (siehe Abbildung), ein Würfel und ein Sprungseil. Die sechs Teams stellen sich an je einem Reifen auf, jedes Teammitglied fasst das Seil. Im Team wird nun gegen den Uhrzeigersinn eine Hallenrunde gelaufen. Wieder beim Reifen angekommen, würfelt der Kopf der Schlange. Die erzielte Augenzahl darf auf der Bingo-Vorlage durchgestrichen werden. Die Führung wechselt, eine weitere Runde wird absolviert. Es wird gewürfelt, durchgestrichen, gewechselt. Gewonnen hat das Team, das zuerst horizontal, vertikal oder diagonal eine Zahlenreihe komplett abgewürfelt hat.

Variante:
Ab der dritten Runde darf ein Teammitglied für eine Runde an der Station geparkt werden, muss dafür aber fünf Liegestütze machen.

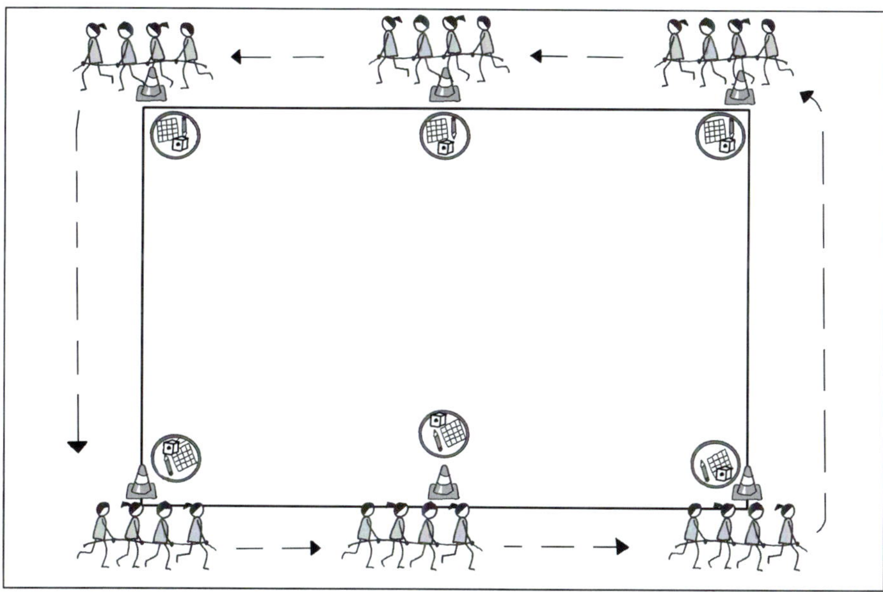

Bingo-Vorlagen:

1	5	3	4	6
4	6	1	3	2
1	3	2	5	5
2	5	6	4	3
6	2	4	1	5

1	5	3	4
4	6	1	3
1	3	2	5
2	5	6	4

Kartenquartett

Material:
20 Pylonen; 1 Spielkartenset; Musik

Vorbereitung auf:
Ballspiele; Gerätturnen; Leichtathletik; allgemeine Konditionsschulung

Es werden fünf Teams gebildet, die sich hinter der Grundlinie des Volleyballfeldes anstellen. Auf der anderen Hallenseite stehen 20 Pylonen, wobei unter jeder davon verdeckt eine Spielkarte liegt. Jedem Team wird ein Kartensymbol (Asse / Könige / Damen / Buben / Zehner) zugeteilt, das gesammelt werden soll. Die ersten Spielenden jedes Teams laufen zu je einer Pylone und sehen sich die darunterliegende Karte an. Handelt es sich dabei um „ihr" Symbol, wird die Karte mit zum Ausgangspunkt genommen. Findet man dagegen ein falsches Symbol oder gar keine Karte mehr, muss man unverrichteter Dinge und ohne Beute zurückkehren. Dann läuft das nächste Teammitglied los. Pro Lauf gibt es nur einen Versuch, Aufmerksamkeit zahlt sich aus. Das Team, welches sein Quartett zuerst vervollständigt hat, gewinnt den Durchgang.

Variante:
Der Weg zu den Pylonen kann intensiviert werden, indem Hindernisse wie Langbänke, Bananenkisten oder Turnkästen überwunden werden müssen.

Matten-Sweap

Material:
4 Pylonen pro Team; 3 Turnmatten pro Team; 3 Gymnastikbälle pro Team

Vorbereitung auf:
Ballspiele; Gerätturnen; allgemeine Konditionsschulung; Leichtathletik

Es werden drei Teams gebildet und jedem Team eine Bahn zugewiesen. Der Startpunkt wird mit einer Pylone ca. acht Meter von den Matten entfernt markiert. Jedes Team legt auf seiner Bahn drei Turnmatten übereinander und stellt auf der obersten seine drei Pylonen ab. Nacheinander versuchen die Teammitglieder, eine Pylone nach der anderen mithilfe eines Gymnastikballes umzuwerfen.
Jeder Schütze ist für seinen Ball verantwortlich und befördert diesen zurück zum Team. Sind alle drei Pylonen abgeräumt, wird die oberste Matte weggenommen, die drei Pylonen werden auf der zweiten Schicht aufgestellt. Das Abräumen beginnt von vorne. Genauso wird dann auch die zweite Matte entfernt und die Pylonen auf der dritten aufgestellt. Stehen auch auf dieser keine Pylonen mehr, wird der Mattenberg nach dem gleichen Prinzip wieder aufgebaut. Das Team, das zuerst wieder seine drei Matten aufgeschichtet und die Pylonen getroffen hat, gewinnt.

Variante:
Für jede Mattenschicht kommt ein anderer Ball zum Einsatz: oberste Ebene Handball (Schlagwurf), mittlere Ebene Basketball (Druckwurf), untere Ebene Fußball (Innenspannstoß).

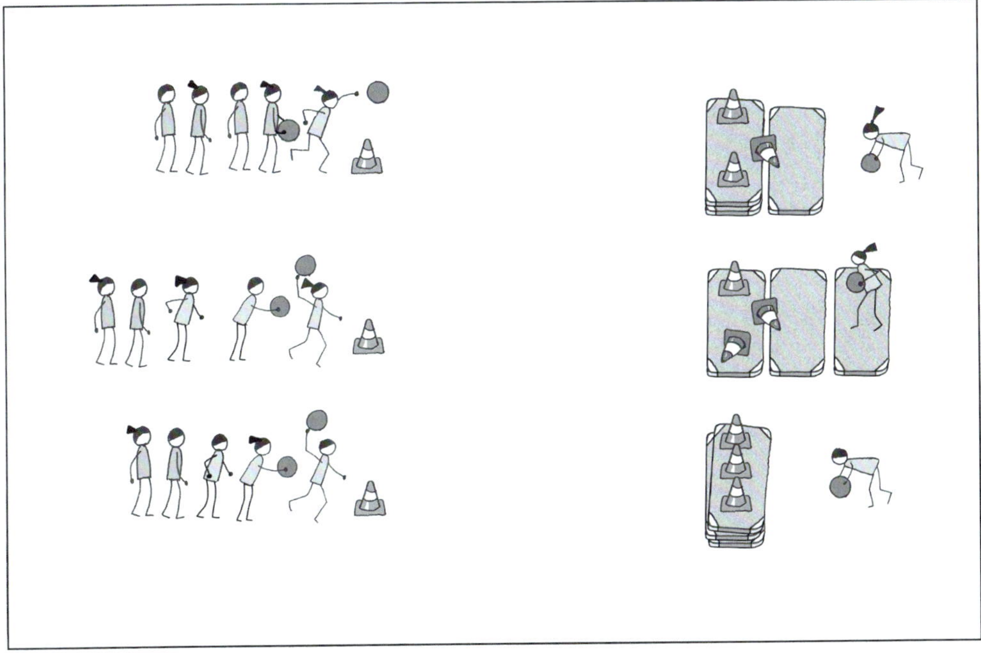

Merk's dir!

Material:
1 Turnmatte pro Team; 1 Gymnastikreifen pro Team; 1 Memory®-Kartenset; Musik

Vorbereitung auf:
Leichtathletik: Lauf; allgemeine Konditionsschulung; Ballspiele

Es werden vier Teams gebildet. Jedes Team markiert mit einer Turnmatte seinen Start und platziert einen Gymnastikreifen an die andere Stirnseite der Halle. In jeden Reifen legt die Lehrkraft sechs Memory®-Pärchen verdeckt aus. Ausgehend von den Turnmatten starten die ersten Läufer*innen jedes Teams zu den Reifen und holen eine beliebige Karte. Das nachfolgende Teammitglied versucht nun, den passenden „Zwilling" aufzudecken und zurückzubringen. Deckt man eine falsche Karte auf, muss man sie wieder umdrehen, ohne Karte zum Team zurücklaufen und sich hinten anstellen. Das Team, das nach diesem Prinzip zuerst alle sechs Paare komplett auf der Turnmatte ablegt, gewinnt.

Varianten:

› Sind keine Memory®-Karten verfügbar, kann das Spiel auch mit einem Set Pokerkarten durchgeführt werden. Zwei Teams suchen Zweier-, Dreier-, Vierer-, Fünfer-, Sechser- und Siebener-Paare. Zwei Teams schauen nach Achter-, Neuner-, Zehner-, Buben-, Damen- und Königspaaren.
› Der Laufweg kann mit einfachen Hindernissen ausgestattet werden.
› Das Team kann sich am Start besprechen, wo bestimmte Karten liegen.

Kegel-Match

Material:
Teambänder in 4 Farben; 20 Gymnastikkeulen / Kegel; 4 Gymnastikreifen; 2 Fußbälle; 2 Handbälle

Vorbereitung auf:
Ballspiele; Leichtathletik; allgemeine Konditionsschulung

Es werden vier Teams gebildet und mit Teambändern der gleichen Farbe gekennzeichnet. Die Teams bauen an den Ecken des Volleyballfeldes jeweils fünf Keulen in jeweils einem Gymnastikreifen auf. Ein Fußball und ein Handball werden ins Spiel gegeben. Nun versucht jedes Team, mit dem Fußball die Kegel eines gegnerischen Teams umzuschießen bzw. mit dem Handball umzuwerfen. Natürlich müssen in der Defensive die eigenen Kegel beschützt werden. Mit dem Handball dürfen maximal drei Schritte gelaufen werden, ein Dribbling ist nicht erlaubt. Ein zweiter Fußball / Handball kommt zur Intensivierung ins Spiel.

Variante:
Zusätzlich können mit einem oder zwei Basketbällen unter Einhaltung der Dribbelregeln Kegel abgeworfen werden.

Staffel-, Fang- und Abwurfspiele

Staffeln sind besonders bei jüngeren Schüler*innen nicht zuletzt wegen ihres Wettkampfcharakters sehr beliebt. Dabei unterscheidet man zwischen Umkehr-, Pendel- und Kreisbahnstaffel. Bei erstgenannter Form umrundet der*die Übende einen Umkehrpunkt und klatscht am ursprünglichen Start das nächste Teammitglied ab. Bei der Pendelstaffel ist das Team in zwei Lager geteilt, die sich gegenüberstehen und schon nach einer Bahnlänge übergeben. Bei der Kreisbahnstaffel bewegt man sich im oder gegen den Uhrzeigersinn entlang der Kreisbahn, Anfang und Ende des Laufs sind am selben Fleck. Bei Staffelspielen fließen Individual- und Gruppenleistung zusammen, wobei koordinative, soziale und physische Fähigkeiten im Zentrum der Aufgabe stehen können.

Empfehlenswert für das Warm-up aus Sicht der Lehrkraft:

- Kleinere Gruppen verhindern lange Wartezeiten.
- Eine ausgeglichene Teamzusammenstellung erzeugt Spannung.
- Das Festlegen einer unstrittigen Wechselregel vermeidet Konflikte (z. B. Übergabe des Staffelholzes nach Umrunden der Gruppe, Übergabe an der Startlinie um eine Trainingsstange herum).
- Schlussläufer*innen / Doppelläufer*innen werden mit Leibchen gekennzeichnet.
- Hindernisse müssen auch in vollem Lauftempo gefahrlos bewältigt werden können.
- Bewegungsaufgaben dürfen nicht zu komplex sein oder überfordern.
- Bei Staffeln im Wettkampfmodus empfiehlt es sich, mindestens einen Probedurchgang mit halber Intensität durchzuführen.

Fang- und Abwurfspiele sind Spiele innerhalb eines vorgegebenen Areals, bei denen ein*e Fänger*in oder Werfer*in versucht, eine andere Person durch Berühren mit der Hand oder durch Abwerfen mit einem Ball zu erhaschen. Dieser Kontakt hat dann Konsequenzen. So kann die Werfer-/ Fängerrolle übertragen werden oder zu Zusatzaufgaben verpflichten. Gerade bei dieser Form des Aufwärmens sollte man beachten, dass

- einzelne Schüler*innen nicht durch zu lange Fängertätigkeit überfordert werden;
- sich Schüler*innen nicht zu lange verstecken oder ausruhen können, ausdauerschwächere Schüler*innen aber vorübergehend „Parkmöglichkeiten" haben;
- das Fangspiel wenn möglich nicht nur aus Fangen und Weglaufen besteht, sondern zusätzliche Aufgaben und Bewegungsanreize beinhaltet;
- das Abschlagen über einen festgehaltenen Softball oder eine Schwimmnudel erfolgt, das Abwerfen mit weichen Bällen geschieht.

Inselhüpfen

Material:
ca. 10 Turnmatten; 2 Weichbodenmatten; ca. 20 Gymnastikreifen; 3 Teambänder

Vorbereitung auf:
Leichtathletik: Lauf, Sprung; Ballspiele; Bewegungskünste; Tanz

In der Halle werden mehrere Turnmatten, Weichbodenmatten und Gymnastikreifen so ausgelegt, dass man, ohne dabei den Boden (= von Piranhas wimmelndes Gewässer) zu berühren, alle Bereiche der Spielfläche erreichen kann.
Bevor das Fangspiel beginnt, läuft man sich locker ein, indem man jede „Insel" (= Matten und Reifen) besucht und mit beiden Händen berührt. Der Hallenboden ist noch nicht tabu.
Dann beginnt das Spiel: Fangende und Laufende dürfen sich jetzt nur noch auf den „Inseln" bewegen. Der Abstand der Inseln soll variieren, sodass man die Nachbarinsel manchmal leichter, manchmal schwerer erreichen kann. Zwei bis drei Fänger*innen (= Pirat*innen) werden mit den Teambändern markiert und versuchen, die Schiffbrüchigen zu fangen, indem sie diese abschlagen. Wer berührt wurde oder das „Wasser" betritt, wird Pirat*in.

Varianten:

› Wer gefangen wird, läuft eine lockere Runde um das Spielfeld und kommt dann als Schiffbrüchige*r oder als Pirat*in zurück.
› Die Weichbodenmatte ist eine sichere Insel, zu welcher die Pirat*innen keinen Zutritt haben – es dürfen aber maximal drei Personen darauf stehen.

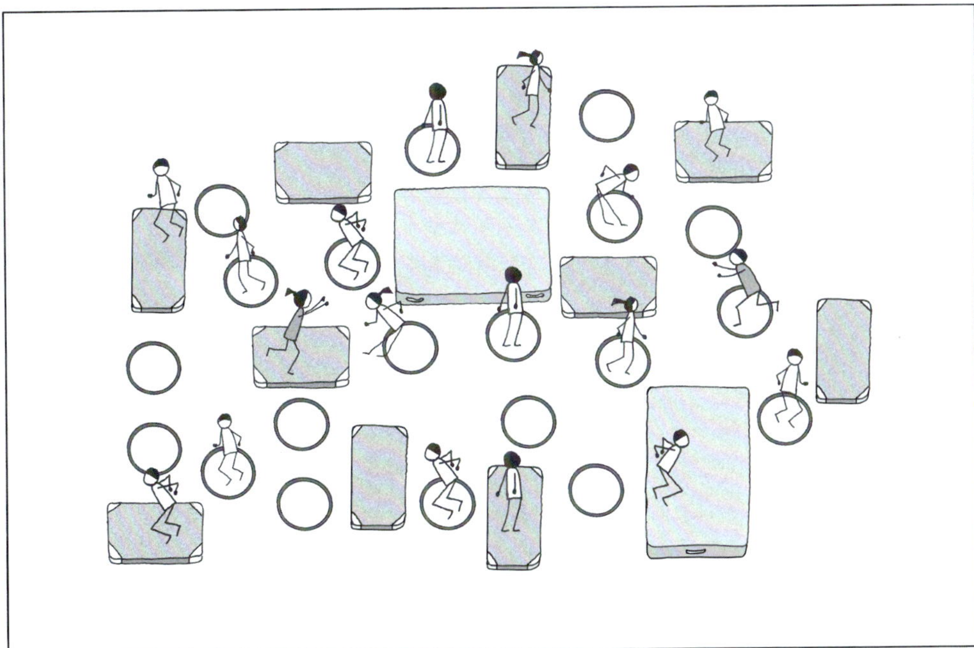

Kastenrennen

Material:
4 Turnkästen; 8 Pylonen

Vorbereitung auf:
Gerätturnen; Geräteparcours; Zirkeltraining; Leichtathletik: Lauf, Sprung; Bewegungskünste; Tanz

Vier Turnkästen werden an eine Stirnseite der Sporthalle gestellt. Die Klasse wird in vier Teams eingeteilt, die ihrem zugeteilten Kasten gegenüberstehen. Der Start wird mit je zwei Pylonen markiert. Die ersten beiden Schüler*innen jedes Teams laufen zum Kasten, nehmen den Deckel ab und befördern ihn zum Start. Die nächsten beiden Schüler*innen holen das nächste Kastenteil usw. Sind alle Elemente geholt, wird der Kasten am Start wieder zusammengesetzt. Anschließend wird er wieder zerlegt, Teil für Teil zurücktransportiert und aufgebaut. Zum Schluss müssen sich alle Teammitglieder auf den fertigen Kasten stellen, niemand darf Bodenkontakt haben.
Welches Team ist am schnellsten?

Tipp: Die Kastenteile sollten nummeriert sein – das ist grundsätzlich für das richtige Zusammensetzen sinnvoll.

Varianten:

- Bei jüngeren Schüler*innen können auch je vier Personen ein Kastenteil tragen.
- Mit dem Kastenteil müssen Hindernisse (z. B. Langbänke quer) überwunden werden.
- Auf dem Weg ohne Kastenteil ist ein Slalomkurs zu durchlaufen oder Bananenkisten zu überspringen.

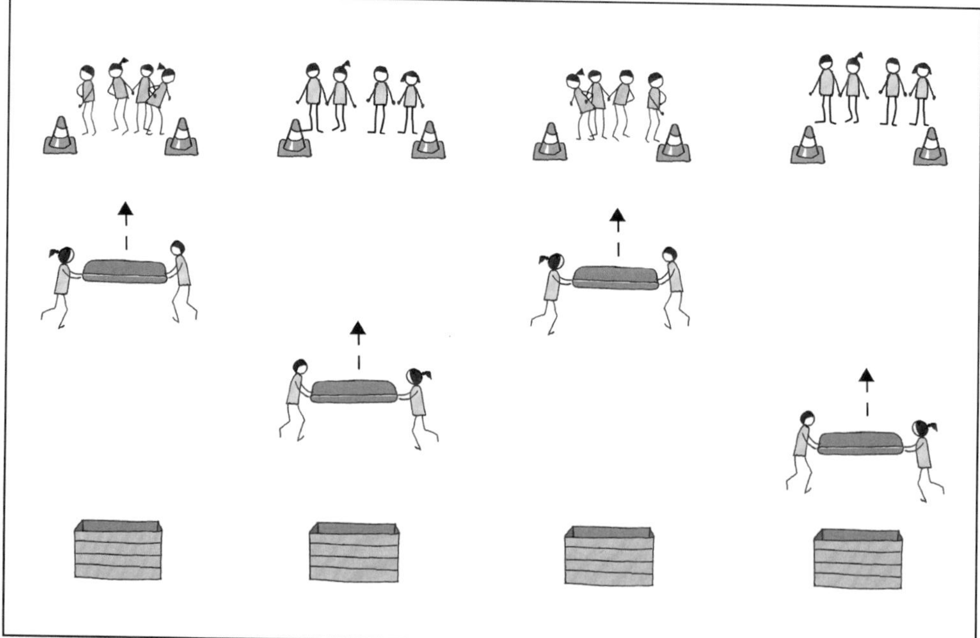

Schattenjagd

Material:
6 Pylonen; ca. 4 Softbälle

Vorbereitung auf:
Ballspiele; Leichtathletik: Wurf, Lauf, Sprung

Auf einem durch sechs Pylonen begrenzten Spielfeld laufen alle durcheinander. Nachdem die Spielleitung einen Softball ins Feld geworfen hat, beginnt das Spiel. Wer einen freien Ball aufnimmt, versucht jemand anderen abzuwerfen, wobei man maximal fünf Schritte mit dem Ball in der Hand laufen darf. Wer getroffen wurde, (ohne dass der Ball vorher auf dem Boden aufkommt), läuft nun so lange als „Schatten" mit dem*der Abwerfenden mit, bis diese*r selbst abgeworfen wird.
Ab diesem Zeitpunkt ist der Schatten wieder frei, kann Bälle aufnehmen und jagen. Je nach Spielfeldgröße, Klassengröße und Wurfniveau können weitere Bälle ins Spiel gebracht werden.

Variante:
Der abgeworfene Schatten kann seine*n Abwerfer*in auf der Flucht behindern und körperlos einengen, sodass diese*r leichter getroffen und man selbst schneller frei wird.

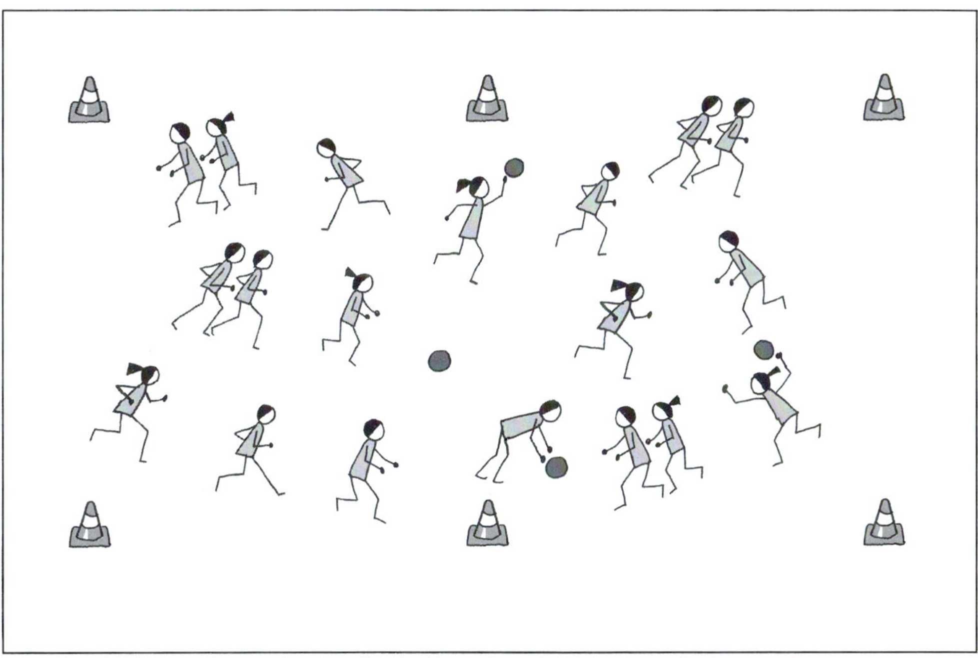

Krabbelball

Material:
ca. 3 Softbälle; Musik

Vorbereitung auf:
Ballspiele; Gerätturnen; Leichtathletik; allgemeine Konditionsschulung

Alle Schüler*innen bewegen sich frei in der Halle, die Wände begrenzen das Spielfeld. Die Spielleitung gibt – je nach Spielfeldgröße, Klassengröße und Wurfniveau – mehrere Softbälle ins Spiel. Wer einen freien Softball ergattert, versucht, jemanden abzuwerfen. Kommt der Ball vorher auf dem Boden auf, zählt der Abwurf nicht. Wer abgeworfen wird, muss sich auf den Boden setzen, darf aber durch Krabbeln und Rutschen versuchen, an freie Bälle zu kommen. Einmal in Ballbesitz, darf man wieder jagen. Abgeworfene haben außerdem die Möglichkeit, zueinander zu krabbeln und sich gegenübersitzend mit Sohlen an Sohlen gegenseitig hochzuziehen.

Varianten:
- Man ist auch abgeworfen, wenn der Ball vorher auf dem Boden aufkommt.
- Zusätzlich zum Krabbeln kann auch seitliches Rollen um die Längsachse über den Boden als Fortbewegungsart zugelassen werden.

Drei Leben

Material:
2 Leibchen; 3 Wäscheklammern pro Schüler*in (oder anderes Pfand); 1 Teppichfliese pro Schüler*in; 1 Bananenkiste; ca. 4 Basketbälle; 1 Turnkasten für die Bälle; 1 Basketballkorb; 4 Pylonen zur Markierung des Spielfelds; 2 Pylonen zur Markierung der Abwurflinie

Vorbereitung auf:
Leichtathletik: Lauf, Sprung; Tanz; allgemeine Konditionsschulung; Zirkeltraining; Ballspiele; Bewegungskünste

Ein*e oder zwei Fänger*innen werden bestimmt und mit Leibchen gekennzeichnet. Die restlichen Spielenden heften sich jeweils drei Wäscheklammern (= drei Leben) ans Shirt und bewegen sich mit einem Bein auf einer Teppichfliese stehend fort.
Werden die Spielenden von den Fänger*innen abgeschlagen, verlassen sie auf kürzestem Weg Fliese und Spielfeld, laufen außen um das Feld zur Bananenkiste und legen dort eine ihrer Wäscheklammern hinein. Dann rennt man zurück zur Fliese und nimmt wieder am Spiel teil. Sind alle drei Leben verloren, kann man sich durch eine Zusatzaufgabe wieder ins Spiel zurückbringen: Am Basketballkorb liegen Bälle in einem Turnkasten bereit. Erzielt man einen Treffer, darf man sich eine Klammer zurückholen. Die Fänger*innen werden regelmäßig durch die Lehrkraft ausgetauscht.

Variante:
Natürlich sind auch andere Zusatzaufgaben möglich, um eine Wäscheklammer zurückzubekommen, z. B. Hockwenden über die Langbank.

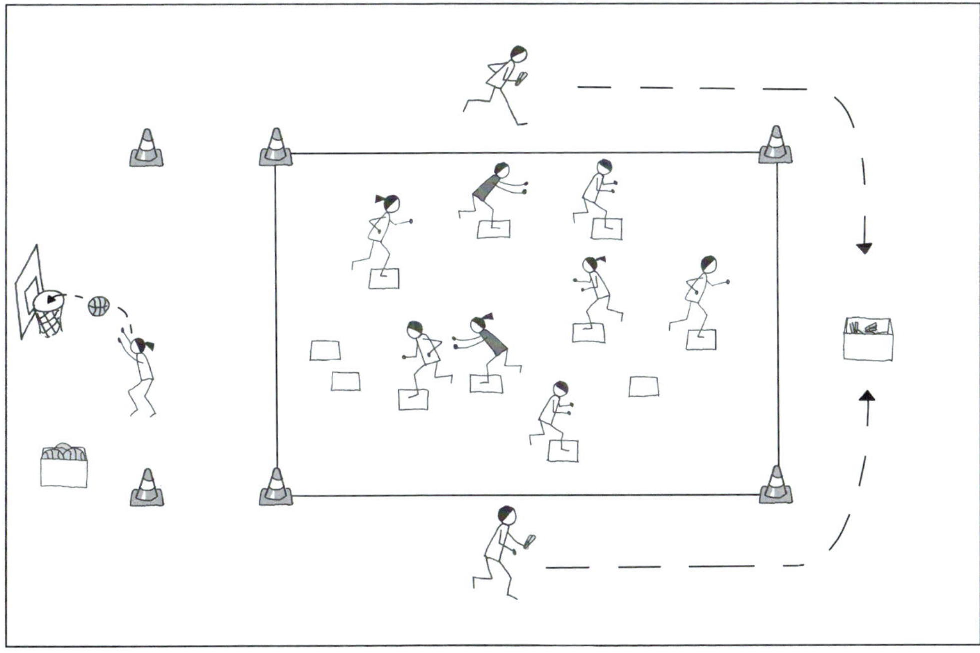

Handtuchstaffel

Material:
1 Handtuch pro 2 Schüler*innen; 1 Gymnastikball pro 4 Schüler*innen; 4 Pylonen zur Markierung der Strecke; Bierdeckel

Vorbereitung auf:
Ballspiele; Bewegungskünste; Jonglage; Leichtathletik: Wurf, Lauf

Immer vier Schüler*innen bilden ein Staffelteam. Jeweils zwei von ihnen halten ein Handtuch ausgebreitet. Das hintere Pärchen schleudert den im Handtuch liegenden Gymnastikball nach vorne, wo das Partnerpaar den Ball mit dem Handtuch auffangen muss. Nun überholt das hintere Paar das vordere und fängt seinerseits den Ball auf. Nach diesem Prinzip wird die Strecke bis zur Ziellinie überwunden. Hinter der Linie angekommen, schleudert die Staffel den Ball an die Hallenwand. Für jeden Kontakt mit der Wand darf ein Bierdeckel mitgenommen werden, die an der Ziellinie ausliegen.
Man läuft dann mit Ball zurück zum Start und beginnt erneut. Immer wenn ein Ball zu Boden fällt, muss die Staffel zurück zur Startlinie und neu starten. Gewonnen hat das Team, das nach fünf Minuten die meisten Bierdeckel hat. Im zweiten Durchgang werden die Teams neu gemischt.

Tipp: Die Schüler*innen müssen am Vortag darauf hingewiesen werden, ein Handtuch mitzubringen.

Varianten:
- Bei großen Klassen bilden immer drei Paare ein Team.
- Abwechselnd müssen ein Tennisball, ein Gymnastikball und ein Volleyball transportiert werden.

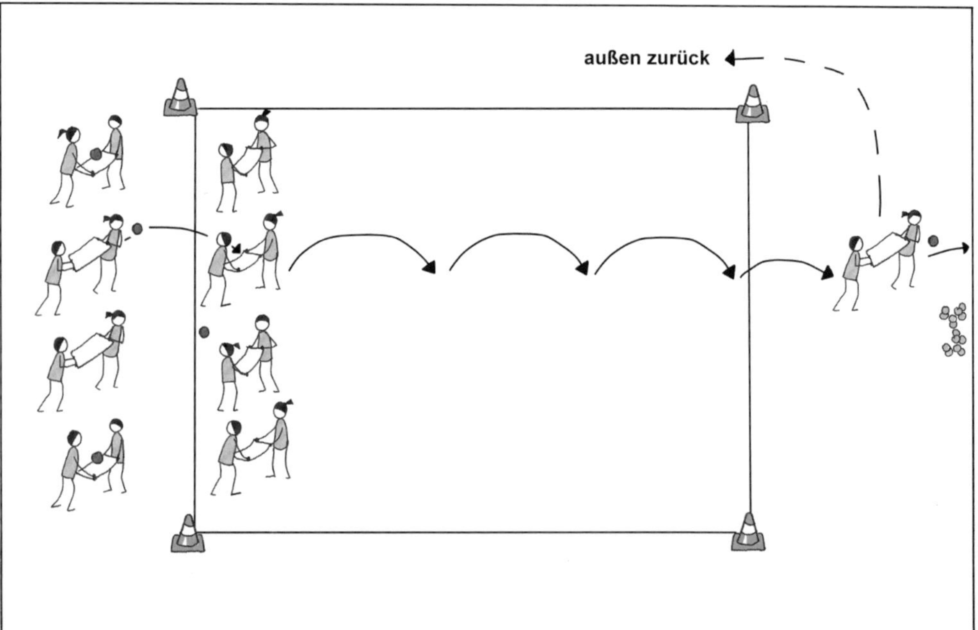

Schwimmnudelkrake

Material:
Teambänder in 2 Farben; 6 Schwimmnudeln; Musik; 1 Fußball pro Schüler*in; 2 DIN-A3-Blätter; Klebeband; Stifte; 4 Pylonen zur Markierung des Felds

Vorbereitung auf:
Ballspiele; Leichtathletik: Lauf; Gerätturnen; (Schwimmen bei Transfer ins Wasser)

Die Klasse wird in zwei Teams A und B aufgeteilt und jeweils mit Teambändern in derselben Farbe gekennzeichnet. Jedes Team bestimmt drei „Kraken", die sich mit einer Schwimmnudel in den Händen auf das Basketballfeld setzen. Beginnt die Musik, dribbeln die restlichen Schüler*innen mit ihren Fußbällen von einem „Ufer" (= Startlinie) zum anderen (= gegenüberliegende Hallenseite). Kommen sie dort an, ohne von der Schwimmnudel einer gegnerischen Krake berührt zu werden, dürfen sie auf ihrem Teamzettel an der Wand einen Strich zeichnen und außen am Spielfeldrand wieder zurück zum Start laufen. Wer von einer Schwimmnudel berührt wird, muss wieder zurück zum Start und neu beginnen. Dies gilt auch, wenn der Ball das Spielfeld verlässt. Die Kraken dürfen sich nur auf dem Gesäß rutschend fortbewegen und dürfen beliebig oft ausgewechselt werden. Gewonnen hat das Team, das am Ende die meisten Striche auf dem Zettel hat.

Varianten:
- Alternativ können Handbälle oder Basketbälle mitgeführt werden.
- Auch Tischtennisbälle / Badmintonbälle können eingesetzt werden; diese werden auf dem Schläger transportiert.
- Es können mehr oder weniger „Kraken" eingesetzt werden.

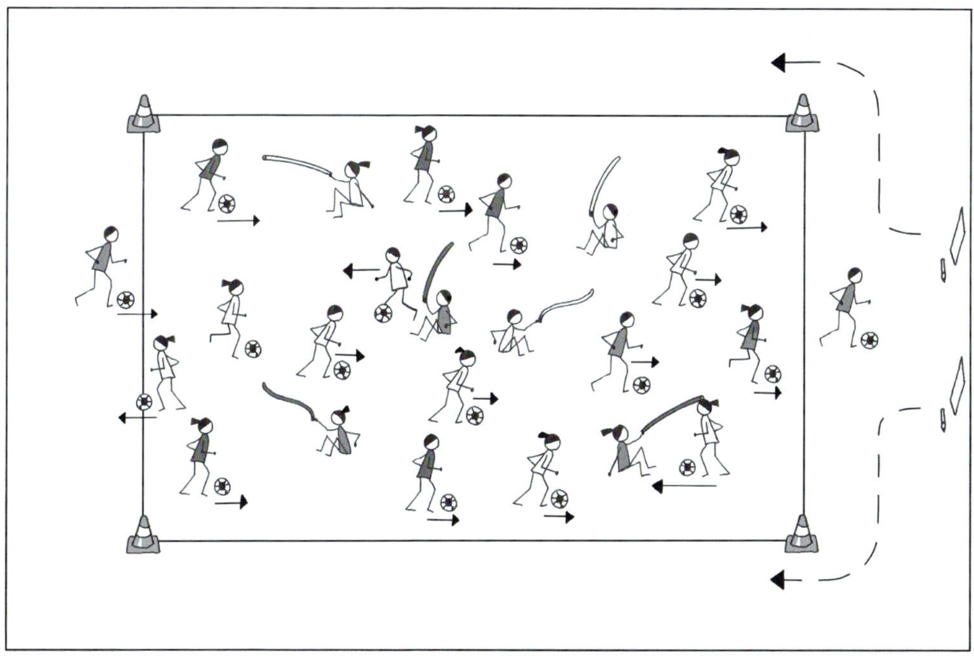

„Lauf du weg!"

Material:
1 Softball; Musik

Vorbereitung auf:
Leichtathletik: Lauf, Sprung; Ballspiele; Zirkeltraining; Turnen

Die Lehrkraft bestimmt eine*n Fänger*in und eine*n Flüchtige*n. Die restlichen Schüler*innen setzen sich immer zu zweit im Volleyballfeld auf den Boden. Mit Einsatz der Musik beginnt die Jagd. Setzt sich der*die Flüchtige neben eine Person des Pärchens, ist er*sie in Sicherheit. Dafür ist es nun dessen Partner*in, der*die davonläuft. Der*die Fangende hält einen Softball in der Hand, mit dem er*sie den*die Gejagte*n abschlägt, nicht abwirft. Gelingt dies, tauschen beide die Rollen und der*die ursprüngliche Fangende setzt sich so schnell wie möglich hin. Somit aktiviert er*sie eine*n neue*n Flüchtige*n, die Endlosjagd geht weiter.
Es empfiehlt sich, einen Demodurchgang mit den in der Variante vorgeschlagenen Startpositionen zu beginnen, bis das Fangprinzip erkannt ist und die Schüler*innen vorgewärmt sind.

Varianten:

› Die Schülerpaare starten alternativ aus der Hocke, aus der Bauchlage, aus dem Kniestand.
› Ein zweites Fänger- / Läuferpärchen kommt dazu.

Oh Tannenbaum!

Material:
1 Wäscheklammer pro Schüler*in; 1 Keule pro Schüler*in; 1 Sprungseil pro Schüler*in; 2 Pylonen pro Gruppe zur Markierung der Startlinie

Vorbereitung auf:
Ballspiele; Leichtathletik: Lauf, Sprung; Gymnastik; Tanz; Bewegungskünste

Die Klasse wird in Gruppen mit je maximal zehn Schüler*innen eingeteilt, die sich in Reihe aufstellen. Jede*r hat eine „Christbaumkugel“ (= Wäscheklammer) in der Hand, Keulen und Sprungseile liegen ebenfalls am Start bereit. Jeweils ein Gruppenmitglied positioniert sich im Abstand von 20 Metern gegenüber und stellt mit gegrätschten Beinen und abgespreizten Armen einen Tannenbaum dar. Im Umkehrstaffelbetrieb laufen jetzt nach und nach die Schüler*innen zuerst mit ihrer Christbaumkugel los und pinnen diese am Tannenbaum fest. Sind alle Klammern verteilt, geht es mit dem „Lametta“ (= den Sprungseilen) weiter. Ist auch dies erledigt, werden die „Kerzen“ (= Keulen) am Tannenbaum abgestellt. Ist der Tannenbaum fertig geschmückt, stoppt die Staffel.
Die Gegenstände können im Staffelwettbewerb auch wieder zurückgeholt werden.

Variante:
Neben der Geschwindigkeit zählt nun auch die Kreativität beim Schmücken – es wird also eine „B-Note“ vergeben. Dazu sollten die Schüler*innen kurz Gelegenheit haben, ein Konzept zu entwickeln.

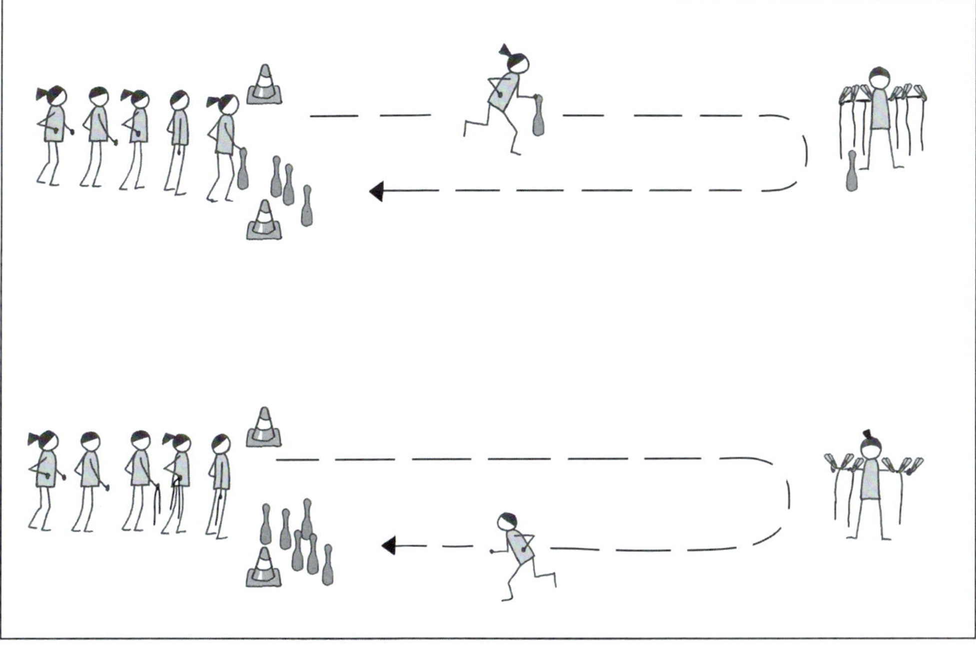

Rettungsboot

Material:
1 Gymnastikreifen pro Schüler*in; 2 Teambänder; 1 Handball pro Fängerpärchen

Vorbereitung auf:
Handball; Basketball; Leichtathletik: Wurf, Lauf; Gymnastik; Tanz

Jede*r Schüler*in steigt in ein „Boot" (= Gymnastikreifen) und hält es in Hüfthöhe parallel zum Boden. Ein Fängerpärchen wird mit Teambändern markiert und mit einem Handball ausgestattet. Die restlichen Schüler*innen bewegen sich frei im Basketballfeld. Das Fängerpärchen bringt sich nun durch geschicktes Passen in eine Position, von der aus eine*r von beiden den Ball in einen Gymnastikreifen stopfen oder werfen kann. Dabei dürfen nicht mehr als fünf Schritte mit Ball gemacht werden. Wird ein Boot „versenkt", darf ein anderes Boot den*die Schiffbrüchige*n in sein Rettungsboot aufnehmen und die beiden dürfen zu zweit flüchten. Wird auch dieses Zweierboot versenkt, „treiben" die Schiffbrüchigen im Wasser, indem sie ihre Reifen im Spielfeld über den Boden rollen. Ist das Spiel verstanden, kommt ein zweites Fängerpärchen dazu. Sind alle Schiffe versenkt, endet das Spiel.

Variante:
Die beiden Fängerpärchen dürfen als Viererteam agieren.

Krankentransport

Material:
4 Pylonen zur Markierung des Spielfelds; 2 Langbänke; Bälle in halber Klassenstärke (Gymnastikbälle, Volleybälle); 2 Weichbodenmatten; 4 Teppichfliesen; 2 (blaue) Hütchen

Vorbereitung auf:
Ballspiele; Bodenturnen; Bewegungskünste; Tanz; Aerobic

Das Spielfeld wird durch zwei Langbänke an der Mittellinie halbiert, zwei Teams stehen sich gegenüber. Die Bälle werden gerecht verteilt. An den Stirnseiten der Spielfelder liegt jeweils eine Weichbodenmatte, die das Krankenhaus symbolisiert. Darauf liegen je zwei Teppichfliesen und ein Hütchen. Die Teams versuchen, sich mit den Bällen abzuwerfen. Wer getroffen wird, legt sich sofort auf den Boden. Man kann wieder als Werfer*in aktiviert werden, wenn man von zwei Mitspielenden ins „Krankenhaus" (= Weichbodenmatte) abtransportiert wird. Dafür müssen die Helfenden zuerst die zwei Teppichfliesen (= „Krankenwagen") und das Hütchen (= „Blaulicht") holen. Der*die Patient*in wird auf die Fliesen gesetzt, mit dem Blaulicht versehen, zur Matte gezogen (geschoben) und daraufgelegt. Von dort aus kann er*sie wieder ins Spielgeschehen eingreifen. Sobald der*die Patient*in das Blaulicht hat, dürfen die Sanitäter*innen nicht mehr abgeworfen werden.
Das Team, das zuerst alle Gegner*innen eliminiert hat, gewinnt den Durchgang.

Varianten:
- Durch mehr oder weniger Bälle kann entsprechend dem Wurfniveau gesteuert werden.
- Ein zweites Rettungsset pro Team wird bereitgestellt.

Grenzverkehr

Material:
5 Turnmatten; Teambänder in 2 Farben; 4 Schwimmnudeln; 2 kleine Turnkästen; Bierdeckel

Vorbereitung auf:
Leichtathletik: Lauf; Ballspiele; Gymnastik; Tanz; Bewegungskünste; Ausdauerschulung

Das Volleyballfeld wird durch fünf auf der Mittellinie ausgelegte Turnmatten in zwei Hälften geteilt. Zwei Teams werden mit Teambändern markiert und stehen sich gegenüber. Jedes Team stellt zwei Mitglieder mit Schwimmnudel als „Grenzposten“ auf den Turnmatten ab. Hinter den Grundlinien befindet sich jeweils ein kleiner umgedrehter Turnkasten mit gleich vielen „faulen Eiern“ (= Bierdeckeln). Nun versucht jede*r Schüler*in, einen Bierdeckel über die „Grenze“ zu schmuggeln, ohne vom gegnerischen Grenzposten mit der Schwimmnudel abgeschlagen zu werden. Kommt man durch, legt man das „faule Ei“ im Kasten des gegnerischen Teams ab. Wird man von der Schwimmnudel berührt, läuft man unverrichteter Dinge zum eigenen Kasten zurück, nimmt einen anderen Bierdeckel und versucht es erneut. War man erfolgreich, läuft man über die „grüne Grenze“ außen am Grenzposten vorbei in die eigene Spielfeldhälfte zurück. Ist die Spielzeit zu Ende, werden die „faulen Eier“ im Kasten gezählt. Das Team, das mehr „faule Eier“ hat, hat verloren.

Variante:
Als Fortbewegungsart für die Schmuggler können auch Hopserlauf, Sidesteps, Anfersen etc. vorgegeben werden.

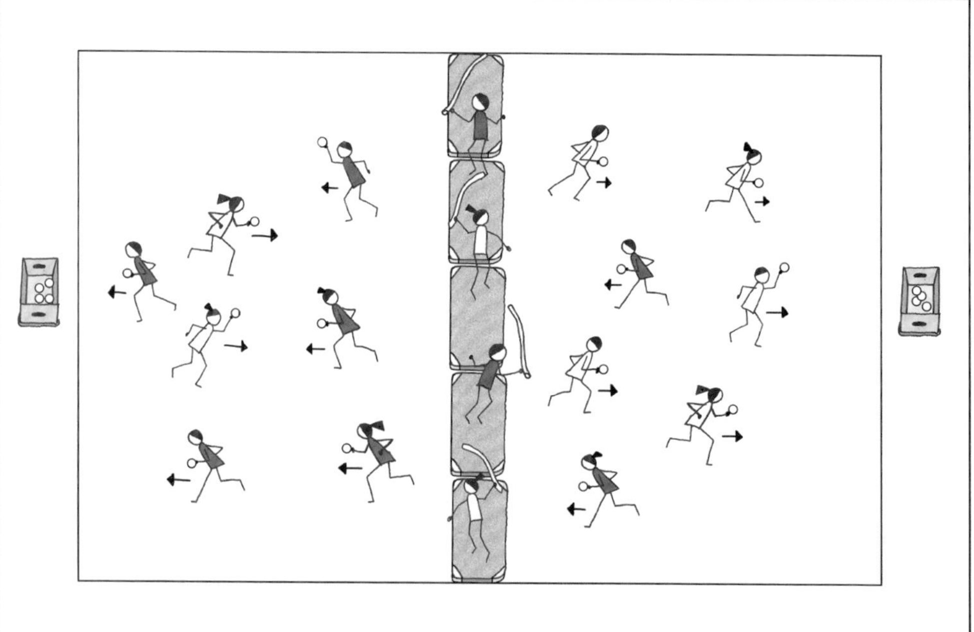

Pass-Staffel

Material:
19 Pylonen; 3 Langbänke; 4 Turnmatten; 4 Bälle (Handbälle, Gymnastikbälle)

Vorbereitung auf:
Leichtathletik: Wurf, Lauf; Handball; Basketball; Gymnastik; Tanz; Bewegungskünste

Die Klasse wird in vier Staffelteams eingeteilt, die sich hinter der Startlinie (= Position 1; mit Pylonen markiert) aufstellen. Position 2 und 3 werden ebenfalls wie abgebildet mit Pylonen markiert und durch Langbänke verbunden.
Jedem Team steht in ca. 20 Metern Entfernung ein*e Fänger*in auf einer Turnmatte gegenüber. Der*die erste Werfende jedes Teams versucht jetzt, mit einem gezielten Schlagwurf den*die Fänger*in anzupassen, sodass diese*r den Ball annehmen kann, ohne die Matte verlassen zu müssen. Gelingt der Wurf, postiert sich der*die Werfende ebenfalls auf der Matte und wird auch Fänger*in. Missglückt der Pass, läuft der*die Werfende eine komplette Runde ums Spielfeld und stellt sich wieder hinten beim Team an. Beim zweiten (bzw. dritten) Versuch darf er*sie von Position 2 (bzw. Position 3) aus werfen. Bei guten wie schlechten Pässen wird der Ball von dem*der Fangenden zur Gruppe zurückgerollt. Bei jedem Fehlwurf läuft auch das komplette Fängerteam eine Hallenrunde. Welche Staffel hat zuerst alle Spielenden auf der Matte? Jedes Staffelmitglied sollte einmal der*die erste Fangende eines Durchgangs sein.

Varianten:
- Als Variante kann von Position 1 aus ein Schlagwurf, von Position 2 aus ein Überkopfpass und von Position 3 aus ein Druckpass absolviert werden.
- Auch Bodenpässe zählen.

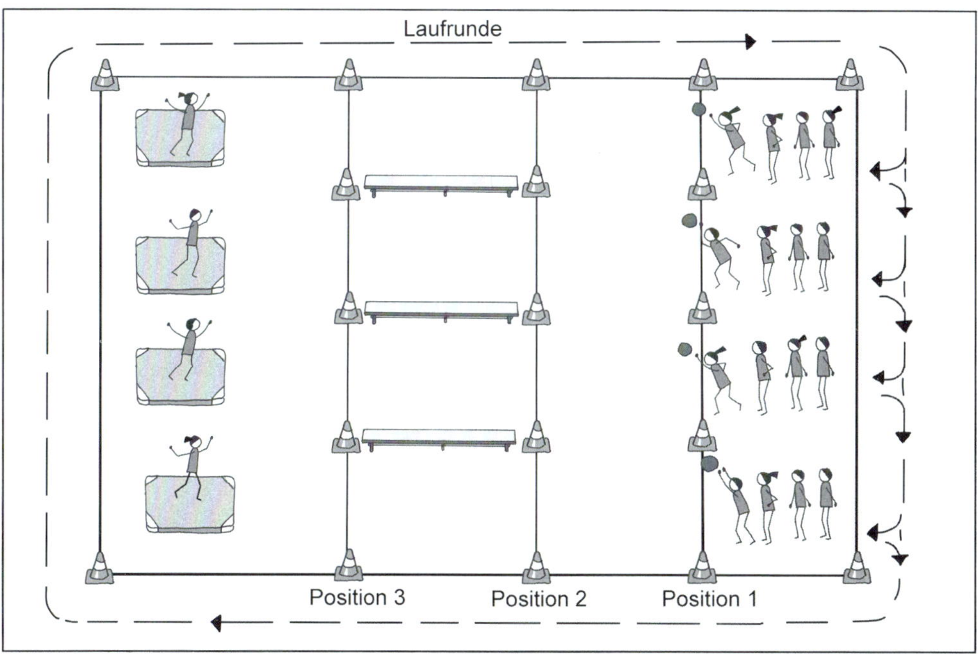

Gang-Battle

Material:
Teambänder in 4 Farben; 4 Turnmatten; ca. 2 Volleybälle; 4 Pylonen zur Markierung des Spielfelds

Vorbereitung auf:
Ballspiele; Leichtathletik: Wurf, Lauf; Bewegungskünste; Tanz; Aerobic

Die Klasse wird in vier gleich große „Gangs“ (Eastside / Westside / Northside / Southside) eingeteilt und mit Teambändern markiert. Jeder Gang wird eine Turnmatte als „Wohnviertel“ zugeteilt. Alle Gang-Mitglieder laufen locker auf dem Spielfeld. Ein Volleyball wird ins Spiel gegeben. Nun versucht jede*r Spieler*in, ein Mitglied einer gegnerischen Gang mit dem Volleyball abzuwerfen, darf dabei mit Ball aber nur drei Schritte laufen. Wer getroffen wurde, muss sich auf seine Matte begeben. Man wird dort aber ins Spiel miteinbezogen, indem man von einem Teammitglied angespielt werden kann. Trifft man von der Turnmatte aus jemanden aus einer gegnerischen Gang, darf man wieder ins Feld. Wer hat nach zehn Minuten die wenigsten Gangmitglieder auf der eigenen Turnmatte?
Ein zweiter Ball im Spiel erhöht die Intensität!

Variante:
In die Mitte des Feldes werden zwei Turnkästen als Deckungsmöglichkeit gestellt.

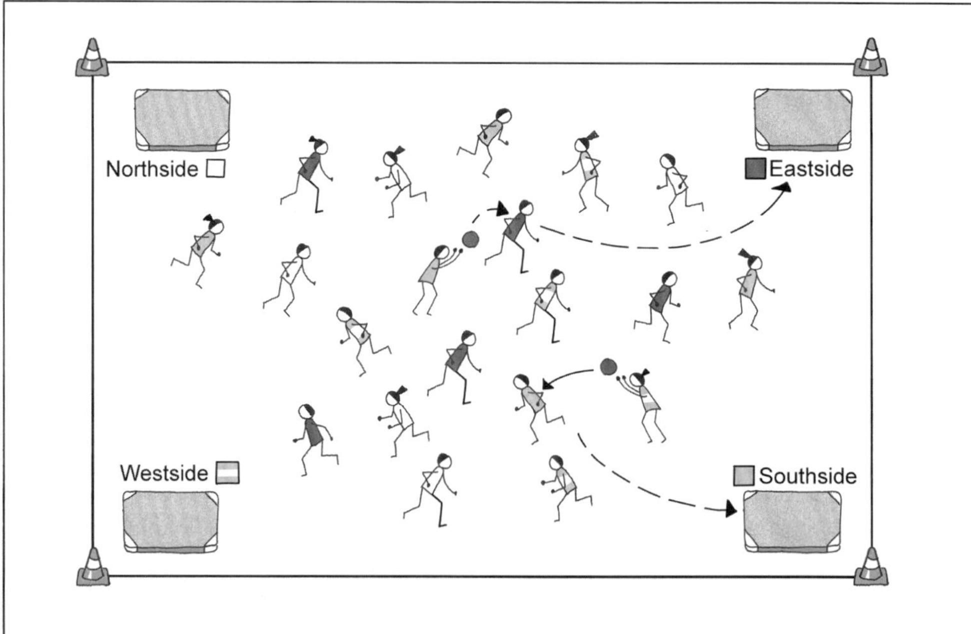

Glücksstaffel

Material:
4 Langbänke; 12 Bierdeckel pro Team; 1 großer Schaumstoffwürfel pro Team; 6 Gymnastikreifen pro Team; Musik; 4 Pylonen zur Markierung der Hallenrunde

Vorbereitung auf:
Leichtathletik: Lauf, Sprung; Ballspiele; Gymnastik; Tanz; Bewegungskünste; Stationentraining

Die Klasse wird in vier Staffelteams eingeteilt, die sich hinter die quergestellten Langbänke an der Startlinie begeben. Jedes Team erhält zwölf Bierdeckel und einen Schaumstoffwürfel. Vor jedem Staffelteam liegen in 15 Metern Entfernung sechs Gymnastikreifen in Reihe. Nun würfelt das jeweils erste Teammitglied, läuft mit einem Bierdeckel los und legt ihn in den Reifen, welcher der gewürfelten Augenzahl entspricht. Es läuft zurück, springt hinter die Langbank und klatscht das zweite Teammitglied ab. Ziel ist es, jeden Reifen mit zwei Bierdeckeln zu belegen. Ist ein Reifen bereits mit zwei Bierdeckeln belegt, muss trotzdem gelaufen und der Reifen berührt werden. Sind in allen Reifen zwei Bierdeckel, begibt sich das gesamte Team auf eine gemeinsame Hallenrunde. Danach werden die Symbole nach demselben Prinzip wieder zurücktransportiert. Nicht unbedingt die athletischste Staffel gewinnt, da Würfelglück eine Rolle spielt.

Varianten:
- Die Staffel endet nach dem Hintransport.
- Gerade Zahlen werden gelaufen, ungerade mit Sidesteps gesprungen.

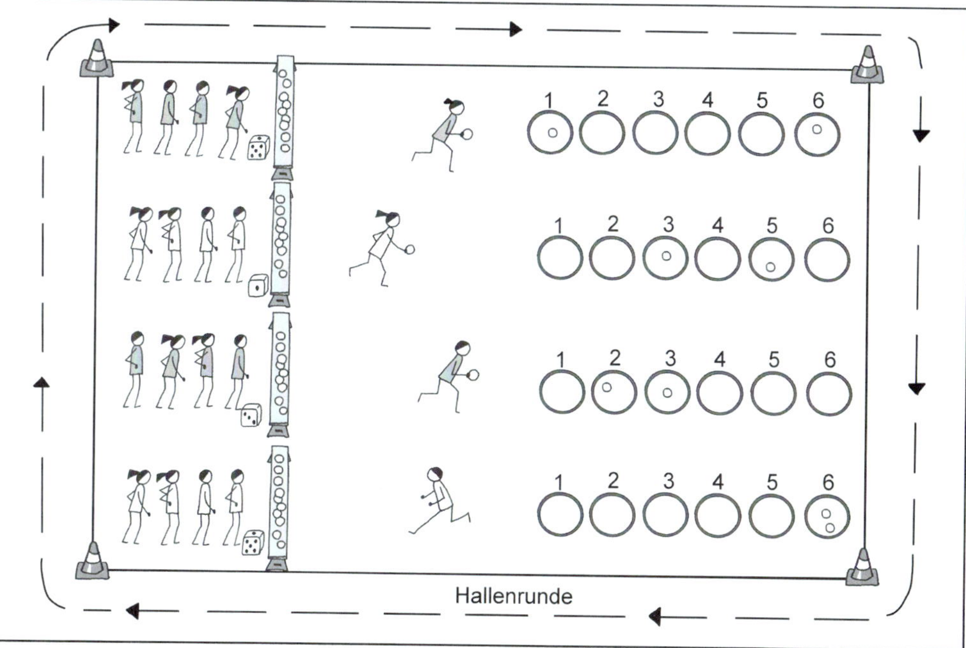

Tupfball

Material:
Teambänder in 2 Farben; 1 Handball; 2 Sprungseile; 20 Wäscheklammern

Vorbereitung auf:
Ballspiele; Leichtathletik: Wurf, Sprung, Lauf; Bewegungskünste; Gymnastik; Tanz; Ausdauerschulung

Die Klasse wird in zwei Teams geteilt und mit Teambändern gekennzeichnet. Gespielt wird auf dem Basketballfeld. Das ballbesitzende Team versucht, mit dem Handball ein Teammitglied anzuspielen, das sich in unmittelbarer Nähe zu einem*einer Gegner*in befindet. Fängt das Teammitglied den Ball und kann nach maximal zwei Schritten den*die Gegner*in mit dem Ball abtupfen, erhält das Team einen Bonus. Wird der Ball bei diesem körperlosen Spiel von einem*einer Gegner*in abgefangen oder fällt beim Passen zu Boden, wechselt der Ballbesitz. Zur Spielstand-übersicht: An der Sprossenwand hängt für jedes Team ein Sprungseil mit zehn Wäscheklammern. Bei jedem Tupfer nimmt die Lehrkraft eine Klammer beim erfolgreichen Team weg. Ist das eigene Teamseil leer, hat man gewonnen.

Varianten:
- Der*die abgetupfte Spieler*in erledigt Zusatzaufgaben, z. B. zehn Hampelmänner.
- Bei spielschwächeren Klassen wird auf dem Volleyballfeld gespielt.

X-Faktor

Material:
4 Turnkästen; 4 Medizinbälle; 13 Pylonen; 4 Handbälle; 1 Gummiring; 4 Bananenkisten

Vorbereitung auf:
Ballspiele; Leichtathletik: Wurf, Lauf; Gymnastik; Tanz; Stationentraining

In die vier Ecken des Basketballfeldes wird jeweils ein Turnkasten mit Medizinball gestellt. X-förmig zur Pylone in der Hallenmitte werden pro Team drei Pylonen platziert. Über die Pylone in der Hallenmitte wird ein Gummiring gelegt.
Jeweils eine Bananenkiste markiert die Abwurflinie für jedes Team. Von der Bananenkiste aus versuchen die Teams, im Staffelmodus mit einem Handball den Medizinball vom Kasten zu werfen. Wer getroffen hat, legt zuerst den Medizinball wieder auf den Kasten, läuft dann zum Gummiring und versetzt diesen um eine Pylone Richtung Turnkasten. Trifft man nicht, läuft man dem Ball nach und passt ihn zum nächsten Teammitglied. Der Weg des Ringes geht immer über die Pylone in der Mitte, erst dann in die eigene Richtung. Sollte es einer Staffel gelingen, den Ring über die letzte eigene Pylone zu stülpen, ist das Spiel gewonnen.

Varianten:
› Statt den Medizinball vom Kasten zu werfen, kann auch ein Sandsäckchen in eine Bananenkiste geworfen werden.
› Statt den Medizinball vom Kasten zu werfen, kann auch ein Kegel mit einem Fußball getroffen werden.

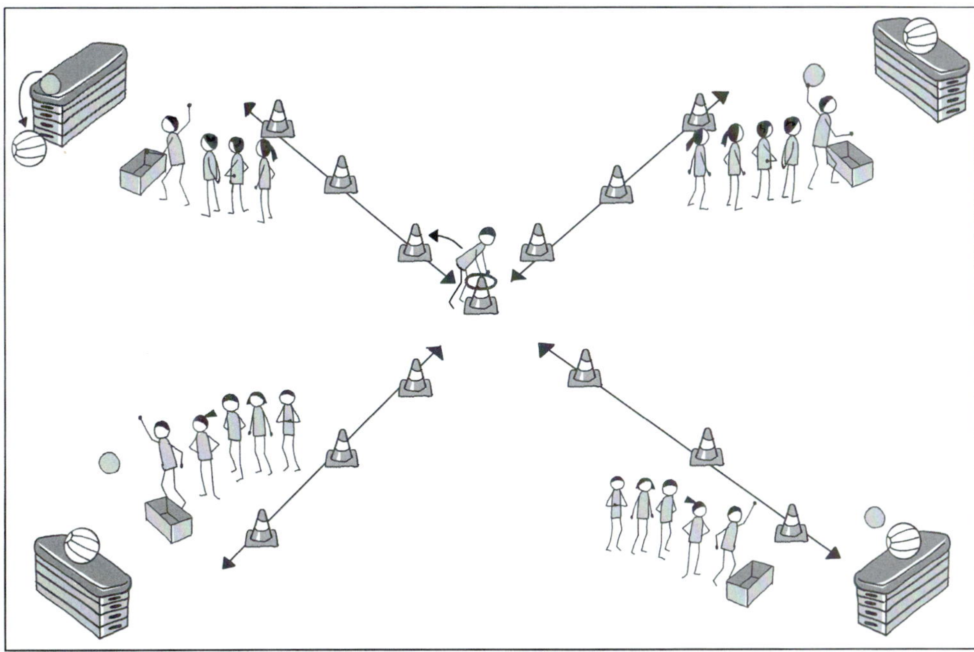

Römisches Wagenrennen

Material:
6 Teppichfliesen; 3 Seile; ca. 30 Wäscheklammern; 6 Pylonen zur Markierung der Startlinie; 3 Bananenkisten

Vorbereitung auf:
Leichtathletik: Lauf, Sprung; Gerätturnen; Stationentraining; Gymnastik; Tanz; Bewegungskünste

Die Klasse wird in drei Staffelteams eingeteilt. Jedes Team erhält zwei Teppichfliesen, ein Seil und ca. zehn Wäscheklammern. Die Startlinie wird mit Pylonen markiert. Der*die erste Schüler*in des Teams stellt sich mit jedem Bein auf eine Teppichfliese, befestigt eine Wäscheklammer am T-Shirt und fasst die Seilenden mit den Händen. Ein zweites Teammitglied zieht ihn*sie bis zu einer Umkehrmarkierung (Bananenkiste), wo die Wäscheklammer abgelegt wird. Für den Rückweg werden die Rollen getauscht. Wieder am Start angekommen, müssen beide vom Ende her durch die gegrätschten Beine des Teams rutschen, bevor das nächste Pärchen startet. Welche Staffel hat am Ende der Spielzeit die meisten Wäscheklammern in die Bananenkiste befördert?

Variante:
Die Aufgabe wird leichter, wenn immer zwei Schüler*innen ziehen. Der zurückzulegende Weg wird dann gedrittelt und jede*r steht einmal auf den Fliesen.

Laufender Keiler

Material:
2 Turnkästen; 2 Langbänke; 1 Plakat; Stifte; 2 Turnmatten; mehrere Bälle (Softbälle, Volleybälle, Gymnastikbälle); 3 Pylonen zur Markierung der Laufstrecke

Vorbereitung auf:
Ballspiele; Leichtathletik; Bewegungskünste; Gymnastik; Tanz; allgemeine Konditionsschulung

Die Sportklasse wird in Jäger*innen und „Keiler" (= Läufer*innen) eingeteilt. Mit Turnkästen als Deckung und dazwischen aufgestellten Langbänken wird ein kleiner Parcours für die Keiler aufgebaut. Am Ende des Parcours wird ein Plakat an die Hallenwand gehängt und Stifte werden bereitgelegt. Zwei Turnmatten liegen für die Jäger*innen in angemessener Entfernung aus. Nun versuchen die Jäger*innen, von den Matten aus so viele Keiler wie möglich auf ihrem Weg zum Plakat abzuwerfen. Abgeworfene oder abgestiegene Keiler laufen die Runde um das Spielfeld fertig und stellen sich hinter der Deckung erneut auf. Wer als Keiler beim Plakat ankommt, ohne abgeworfen zu werden, darf einen Bonusstrich hinterlassen, bevor er die Runde zum Start komplettiert. Maximal zwei Keiler dürfen sich auf einer Langbank befinden. Wer Jäger*in ist oder die Bälle zu den Turnmatten zurückbefördert, muss vom Jägerteam selbst organisiert und durchgetauscht werden. Nach fünf Minuten werden die Rollen Jäger*innen / Keiler gewechselt.

Variante:
Setzt sich ein Keiler hinter der Deckung ein vorher bereitgelegtes Baseball-Cap auf, hat er Schonzeit und darf nicht abgeworfen werden. Wird er dennoch getroffen, darf er sich drei Bonusstriche notieren, da die Schonzeit verletzt wurde.

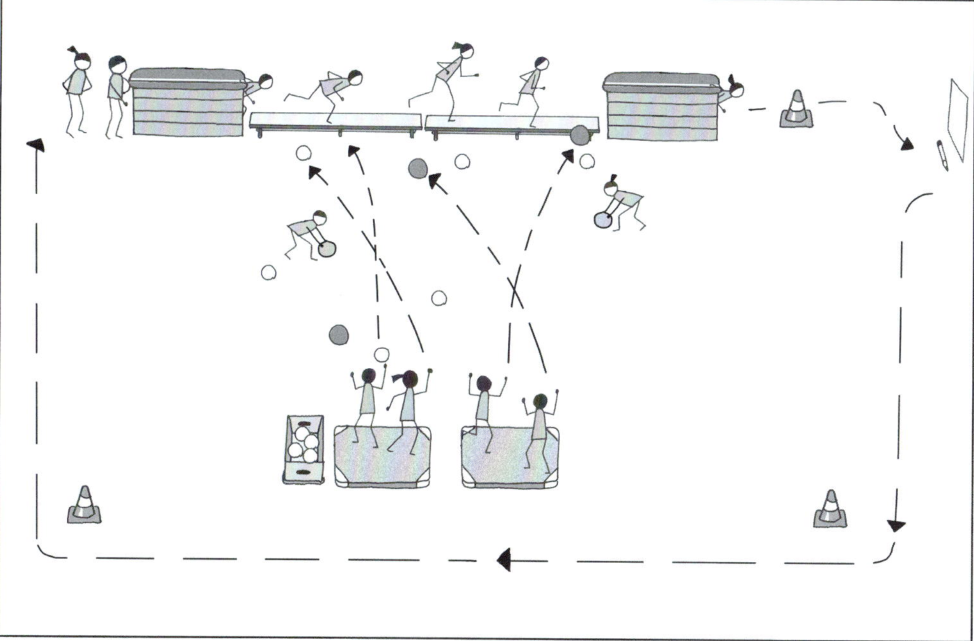

Zielwurf-Kastenstaffel

Material:
4 Turnkästen; 4 Volleybälle; 4 Leibchen; 5 Pylonen zur Markierung der Startlinie; 2 Pylonen zur Markierung der Ziellinie; Musik

Vorbereitung auf:
Leichtathletik; Ballspiele; Bewegungskünste; Stationentraining

Es werden vier Teams gebildet. Die Teams erhalten jeweils einen Turnkasten, einen Volleyball und ein Leibchen. Bei Musikbeginn zerlegt jedes Staffelteam seinen Turnkasten und befördert Teil für Teil hinter die dafür vorgesehene Markierung (siehe Abbildung): Immer zwei Teammitglieder transportieren ein Kastenteil, legen es hinter der Markierung ab und laufen zurück zum Start. Liegen alle Kastenteile hintereinander im Ziel, versucht das jeweils erste Teammitglied, den Volleyball in das erste Kastenteil zu werfen (nur Direkttreffer zählen!). Gelingt dies, legt man das Leibchen ins Kastenteil und übergibt den Ball am Startpunkt. Das nächste Teammitglied versucht nun, ins zweite Kastenteil zu treffen und versetzt das Leibchen bei Erfolg in das zweite Kastenteil. Gelangt das Leibchen bis in das letzte Kastenteil, werden die Kastenteile Teil für Teil zurücktransportiert und zusammengesetzt. Welches Team steht zuerst komplett auf dem Turnkasten?

Variante:
In aufsteigender Reihenfolge muss mit Basketball, Fußball, Volleyball, Handball und Tennisball getroffen werden.

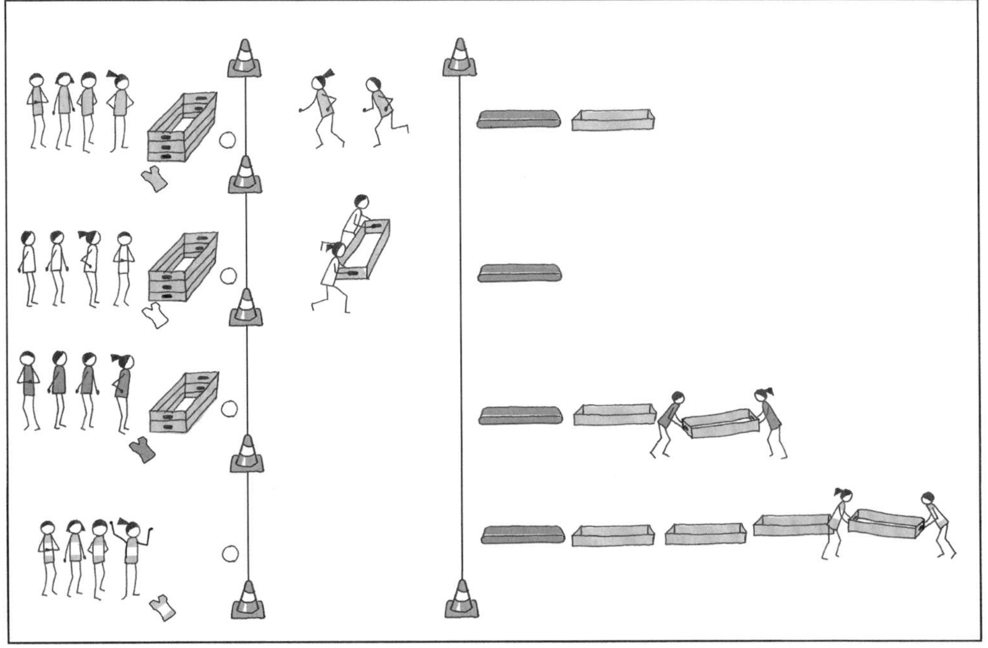

Triathlon-Pendel

Material:
6 Pylonen zur Markierung von Startlinie, Ziellinie und Laufrunde; 3 Langbänke; 3 Basketbälle; 6 Bananenkisten / kleine Turnkästen; ca. 15 Pylonen für den Parcours; 3 Turnkästen; 6 Turnmatten; Musik

Vorbereitung auf:
Gerätturnen; Ballspiele; Leichtathletik; Bewegungskünste; Gymnastik; Tanz

Die Sportklasse wird in drei Staffelteams unterteilt, wobei sich wiederum jedes Team halbiert und für eine Pendelstaffel postiert (siehe Abbildung). Dazwischen werden für jedes Staffelteam drei Aufgaben vorbereitet. Hierfür werden die unter „Material" genannten Gegenstände entsprechend der Abbildung aufgebaut.

- Zuerst muss jedes Teammitglied über eine Langbank vier Hockwenden turnen.
- Dann wird ein Basketball aus der Bananenkiste entnommen und durch einen Slalomparcours aus Pylonen gedribbelt. Dabei muss nach dem Dribbling der Ball aus Sicherheitsgründen immer in der Bananenkiste deponiert werden.
- Abschließend muss ein Turnkasten überwunden werden.

Der*die Übende läuft nun um die eng beieinanderstehende Gruppe herum und übergibt an den*die nächste*n, der*die den Parcours in die andere Richtung bewältigt. Jede*r Laufende erhält jedoch noch eine Zusatzaufgabe. Er*sie muss nach der Ballübergabe eine lockere Hallenrunde joggen, aber rechtzeitig zum zweiten Einsatz bereitstehen. Gewonnen hat das Team, welches zuerst wieder in Anfangsformation steht.

Variante:
Aus dem Dreikampf müssen die Schüler*innen im zweiten Durchgang einen Mehrkampf mit zusätzlichen oder anderen Aufgaben entwickeln.

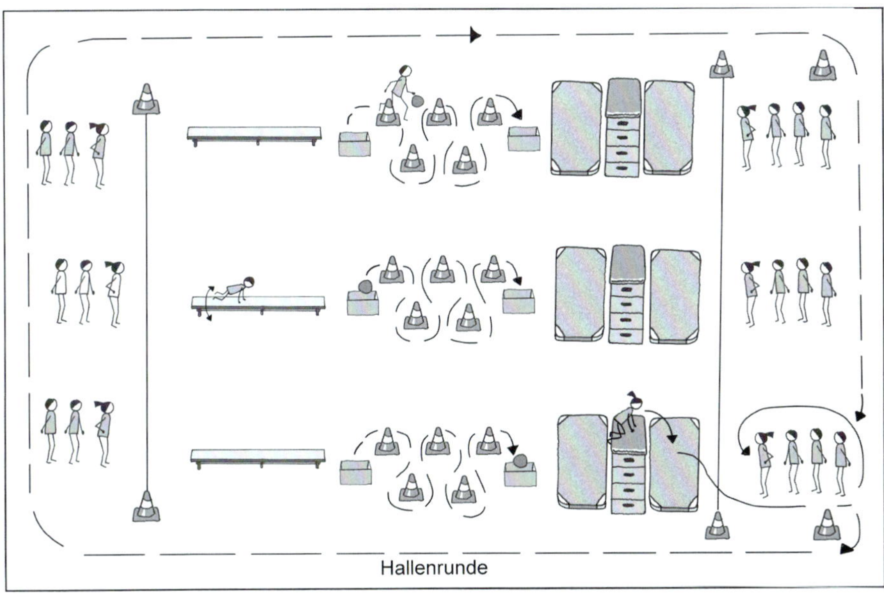

Mattenhetzjagd

Material:
10 Turnmatten; 4 kleine Turnkästen; 4 Teambänder; 1 Volleyball; 4 Pylonen zur Markierung des Felds

Vorbereitung auf:
Ballspiele; Leichtathletik; Bewegungskünste; Gymnastik; Tanz

Im Basketballfeld werden zehn Turnmatten und vier Turnkästen gleichmäßig verteilt. Die Gruppe benennt vier Jäger*innen, die mit Teambändern gekennzeichnet werden. Die Gejagten dürfen die Turnmatten nicht betreten. Die Jäger*innen können sich frei in der Halle bewegen, dürfen jedoch nur dann jemanden abwerfen, wenn sie auf einer Matte stehen. Sie hetzen die Laufenden durch Passspiel in eine Position, in der sie von einer Matte aus abgeworfen werden können. Mit Ball darf nicht gelaufen werden. Wer getroffen wurde, stellt sich auf einen Turnkasten. Kann ein*e Gejagte*r einen Wurf fangen, sind alle Spielenden wieder frei. Erwischt eine auf dem Kasten stehende Person einen Ball, ist sie ebenso frei. Hat es das Jägerteam geschafft, alle Gejagten auf die Kästen zu verbannen, werden neue Jäger*innen benannt.

Variante:
Die Gejagten besitzen einen Basketball als Schutzschild; wer in Besitz dieses Balles ist, kann nicht abgeworfen werden.

Schwimmnudel-Duo

Material:
2 Schwimmnudeln; ca. 6 Turnmatten; ca. 4 Turnkästen; ca. 4 Fahrradreifen; Musik

Vorbereitung auf:
Bewegungskünste; Leichtathletik: Sprung, Lauf; Gymnastik; Tanz; Ballspiele; Bewegungskünste

Aus der Schüler*innengruppe werden zwei Fängerpaare ausgewählt, die sich an den Händen fassen und mit jeweils einer Schwimmnudel „bewaffnet" sind. Die Fängerpaare verfolgen nun den Rest der Klasse und versuchen, mit der Schwimmnudel Laufende abzuschlagen. Dabei reicht es, wenn eine*r von beiden die Schwimmnudel hält. Als Hindernisse befinden sich Turnmatten, Turnkästen und Fahrradreifen auf dem Spielfeld, deren Berührung für alle verboten ist. Die Hindernisse können jedoch als Deckung benutzt werden. Wird man abgeschlagen, nimmt man die Position des*der Fangenden ein, der*die schon länger im Fängerpaar im Einsatz ist.

Variante:
Gefangene Schüler*innen setzen sich auf einen Turnkasten und können befreit werden, indem ihnen ein Softball zugepasst wird, der in der Halle im Umlauf ist.

Eimerkette

Material:
10 Turnmatten; 4 Pylonen zur Markierung der Startlinien; 2 Pylonen zur Markierung der Laufstrecke; 2 Turnkästen; 6 Medizinbälle; 2 Plakate; 2 Stifte; Musik

Vorbereitung auf:
Gerätturnen; Ballspiele; Leichtathletik; Bewegungskünste; Gymnastik; Tanz

Ein Parcours wird gemäß der Abbildung aufgebaut. Für jedes Team liegen am Start drei „Eimer" (= Medizinbälle) bereit. Ein Team A und ein Team B versuchen nun, die „Eimer" so schnell wie möglich ins Ziel zu befördern. Dabei agiert Team A im Uhrzeigersinn, Team B gegen den Uhrzeigersinn. Immer paarweise schleudern oder werfen zwei Schüler*innen den Ball über die Mattenhindernisse, überholen sich und überbrücken so die Strecke. Mithilfe einer Strichliste, die auf Turnkästen ausliegt, werden die ins Ziel transportierten „Eimer" gezählt und so nach zehn Minuten das Siegerteam ermittelt. Nicht gefangene Medizinbälle dürfen aufgenommen werden, sofern sie nicht die Matte berühren (ansonsten muss der Wurf wiederholt werden).

Variante:
Alle Teammitglieder bilden eine „Eimerkette"; allerdings muss ein fallengelassener Ball zurück zum Start.

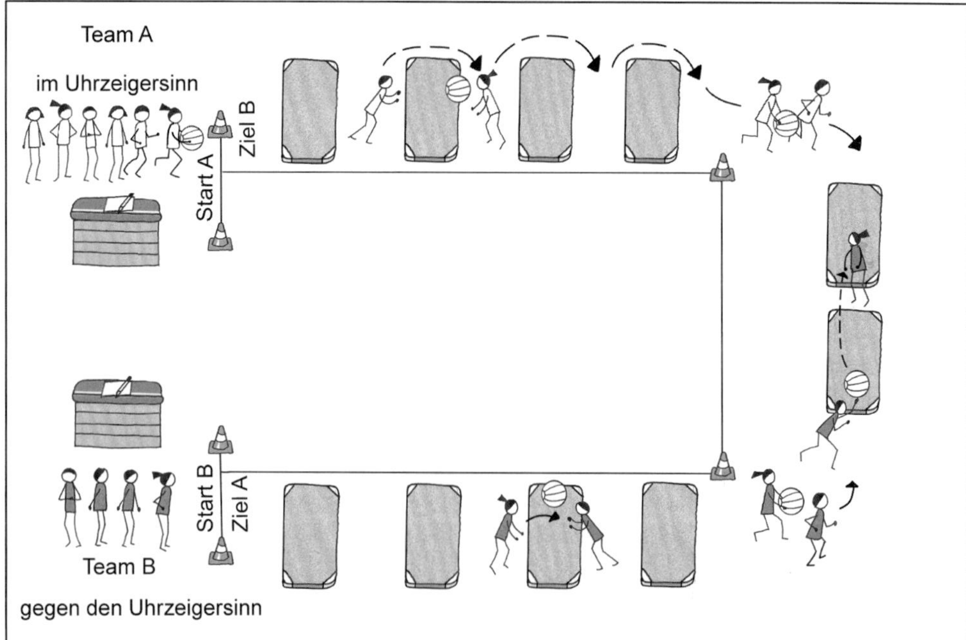

Dreieckspass-Staffel

Material:
2 Langbänke; 2 Turnmatten; 2 kleine Turnkästen; ca. 24 Pylonen; 4 Basketbälle; 4 Fußbälle; 4 Handbälle

Vorbereitung auf:
Ballspiele; Bewegungskünste; Stationentraining; Gymnastik; Tanz

In der Spielfeldmitte werden zwei Langbänke parallel aufgestellt, auf denen zwei gegnerische Teams Platz nehmen. Der restliche Parcours wird gemäß der Abbildung aufgebaut. Schüler*in 1 jeder Staffel dribbelt mit dem Basketball den markierten Laufweg bis zur Turnmatte. Von dort erfolgt ein Pass auf Schüler*in 2 auf der Langbank, der*die sich mit dem Ball auf den Parcours begibt.
Im Gegenzug erhält Schüler*in 1 von Schüler*in 3 auf der Bank einen Basketball zugespielt, mit dem Schüler*in 1 den Rest der Strecke absolviert. Kommt Schüler*in 1 wieder an der Langbank an, wird der Ball in der Wechselzone übergeben. Der*die nächste Schüler*in von der Bank startet.
Hat jede*r Schüler*in die Basketballaufgabe erledigt, wird im nächsten Durchgang der Fußball am Boden geführt, im dritten Durchgang der Handball geprellt. Die Staffel, die nach allen drei Aufgaben zuerst komplett auf der Bank sitzt, hat gewonnen.

Variante:
Bei großen Klassen werden insgesamt vier Parcours mit vier Langbänken als Spielerbank ausgewiesen.

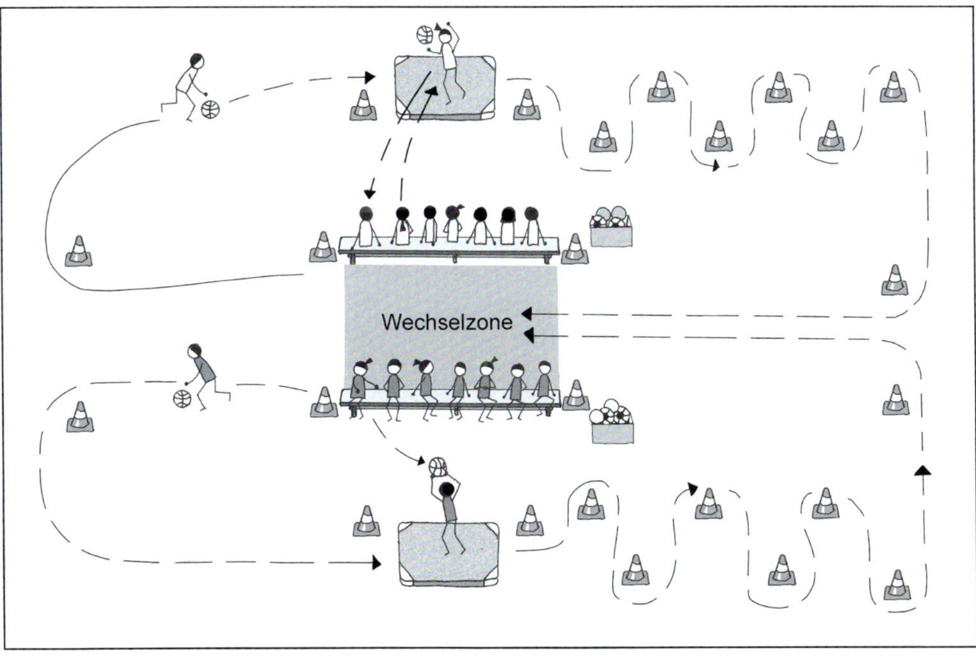

lehrerbuero.de
Jetzt kostenlos testen!